D1086458

La memoria

852

Simonetta Agnello Hornby

# Un filo d'olio

## Con 28 ricette di Chiara Agnello

Sellerio editore
Palermo

*ITALIAN*
*BIOG*
*AGNELLO HORNBY*

2011 © *Sellerio editore via Siracusa 50 Palermo*
*e-mail: info@sellerio.it*
*www.sellerio.it*

Agnello Hornby, Simonetta

Un filo d'olio / Simonetta Agnello Hornby ; con 28 ricette
di Chiara Agnello. - Palermo : Sellerio, 2011.
(La memoria ; 852)
EAN 978-88-389-2549-8
I. Agnello, Chiara.
853.914 CDD-22                    SBN Pal0233983

CIP - *Biblioteca centrale della Regione siciliana «Alberto Bombace»*

# Un filo d'olio

*A Elenù e Teresù*

# Sorelle

Da anni desideravo trascrivere le ricette dei dolci di nonna Maria, annotate da lei in un quadernetto con le pagine numerate e corredato di indice, un libro vero e proprio. Avevo in mente un lavoro a quattro mani con mia sorella Chiara; nonostante da quarant'anni viviamo in isole diverse, ogni estate ci ritroviamo a Mosè – la nostra campagna – e cuciniamo ancora come ci hanno insegnato mamma e zia Teresa, sua sorella: ligie alle proporzioni, assorte nella preparazione, rispettose degli ingredienti, dando via libera all'immaginazione soltanto nella presentazione del piatto finito. L'idea era quella di far rivivere la cultura della tavola di casa nostra attraverso le sue ricette, fotografie d'epoca e alcune pagine «narrative» per le quali avrei attinto ai nostri ricordi e ai racconti di mamma. Naturalmente avremmo dovuto aggiungere spiegazioni alle ricette, che in certi casi erano piuttosto scarne: nome della pietanza, elenco e dosi degli ingredienti.

Un giorno, nella cucina di Palermo, sfogliavo ancora una volta il quadernetto delle ricette di nonna. Le pagine a righe verde chiaro, un po' sbiadite, erano macchiate da ditate di strutto e di burro: le mie. Ricordavo il dispiacere di mamma, quando se n'era accorta. La ben nota grafia di nonna – un misto di lettere angolose e vocali svolazzanti, ma regolare e armonioso – mi incantò; e a un tratto fu come se mi prendesse per mano: voleva che scrivessi di lei, Maria, e non soltanto delle sue ricette. Dovetti dire addio al libro dei dolci della nonna per entrare insieme a lei in un mondo tutto suo, cominciando da quando, sedicenne, andò sposa a un uomo due volte più vecchio di lei, che se n'era invaghito vedendola giocare in giardino con i fratelli minori. Ma continuavo a pensare alle ricette.

Nel giugno scorso, a Mosè, mi venne voglia di scriverne altre – dolci e salate, quelle del cibo semplice ma gustoso che si mangiava in campagna quando Chiara e io eravamo bambine –, ricette che si portano dietro, proprio come quelle di nonna, tutto un mondo di personaggi, atmosfere, sensazioni. Volevo farne un libro e pubblicarlo, subito. Senza perdere tempo, prima di ogni altra cosa. Così, in agosto, nella baraonda di figli nuore nipoti ospiti cani e gatti, Chiara e io ne abbiamo delineato la struttura: ricordi e ricette. Ho cominciato a scrivere con foga, quell'estate, e ho continuato anche in autunno, tornata a Londra. Chiara nel frattempo, sceglieva, provava e riscriveva le ricette. Comunicavamo per e-mail e per telefono: «Hai mai visto mamma e zia Teresa con i sandali?», «Che facevate tu e Gabriella?, non vi si vedeva mai...», «Ti ricordi se mettevamo l'alchermes nella zuppa inglese?», «Dov'era papà quando ci fu il fermo di zio Giovanni?», «Di che blu era il grembiule di Rosalia?», «Quanti erano gli alberi di azzeruole?».

In realtà, dunque, è come se i ricordi fossero stati scritti a quattro mani. Anzi, sei – nostro cugino Silvano, il figlio di zia Teresa, ci ha fatto da consulente. Ripercorrere insieme gli anni dell'infanzia, ricostruendo avvenimenti percepiti da ciascuno a modo suo, confrontando i ricordi di ognuno con quelli degli altri cugini e dei contadini, è stato esilarante. La versione finale naturalmente è mia e me ne assumo tutta la responsabilità.

Prima di Natale il testo era pronto. Nel giro di pochissimo Chiara ha rivisto e organizzato le ricette. Eccolo, *Un filo d'olio*: scritto senza nostalgia ma con amore e gratitudine per mamma e zia Teresa, due sorelle unitissime che mai ebbero il sia pur minimo dissapore. Ogni volta che cuciniamo uno dei loro dolci, zia Teresa ci sembra tornata viva – capelli bianchi, filo di perle e il sorriso con cui porgeva il cucchiaino a mamma con l'immancabile: «Elenù, assaggia tu che sei brava a dire se è al punto giusto», a cui lei rispondeva altrettanto immancabilmente: «Ottimo, Teresù!».

Auguro al lettore che sperimenterà le nostre ricette di trovarle altrettanto buone.

SIMONETTA AGNELLO HORNBY

*Londra, primavera 2011*

# 1
## La donna con la testa nel sacco

Il trasloco a Mosè avveniva in più riprese.

Di prima mattina Paolo, l'autista, caricava sulla jeep valigie, pacchi e detersivi e portava in avanscoperta Filomena e Caterina perché pulissero la casa e sistemassero le provviste nel riposto prima del nostro arrivo, nel pomeriggio. Il tragitto da Agrigento, dove abitavamo, alla nostra casa di campagna, in contrada Mosè, era breve – non più di venti minuti – e Paolo ritornava in città dopo colazione per fare un secondo carico e prendere gli altri tre passeggeri: Julinka, o Giuliana, come la chiamavamo noi, la bambinaia ungherese; Francesca, sorella di Filomena e cameriera «fine» di mamma rimasta a casa per servire a tavola i miei genitori; e io. La jeep avrebbe seguito la Lancia 1700 – un coupé amaranto, il solo in tutta Agrigento – guidata da papà, con accanto mamma che teneva in braccio mia sorella Chiara.

Dai primi di maggio, a casa nostra non si aspettava altro che l'annuncio del trasloco. Papà dava al massimo uno o due giorni di preavviso – gli piaceva decidere al momento –, quindi non bisognava farsi trovare impreparati. E noi non lo eravamo, mai. Dalla fiera di Pasqua in poi, mamma cominciava a comprare e mettere da parte l'occorrente per riaprire la casa di Mosè – varechina, lisciva, sapone molle, spirito, candele e cera per pavimenti; Filomena e Francesca intanto lavavano, stiravano e riponevano nei cesti lenzuola, tovaglie e asciugamani di Mosè che, come ogni anno, l'autunno precedente erano stati riportati ad Agrigento per paura dell'umidità; Caterina, dal canto suo, aveva preparato sacchi di legumi, pacchi di zucchero, tè, caffè, pasta, riso e lanne di tonno sott'olio e acciughe salate sufficienti per un popolo. La valigia dei vestiti da campagna miei e di Chiara era pronta da tempo, e così i giochi e i libri da portarci, nonché la provvista di cerotti, bambagia e acqua ossigenata preparata da Giuliana per le nostre immancabili ferite.

Era come se fossimo in procinto di avventurarci in un luogo sperduto all'altro capo della Sicilia, da cui, per l'intera durata della villeggiatura, sarebbe stato impossibile raggiungere un centro abitato.

Quell'anno, era il 1950, ci fu un intoppo. Il giorno fissato per il trasloco spuntarono, a sorpresa, i parenti di Castelvetrano e li si dovette invitare a pranzo; mamma mandò Francesca in cucina per annunciare a Caterina che non poteva partire perché c'era bisogno di lei e a Filomena che sarebbe andata a Mosè da sola con Paolo. Avvenne l'impensabile: Filomena si rifiutò, e con un tale vucìo da farsi sentire in tutta la casa. Giuliana, con la scusa di farci provare dei grembiulini, si affrettò a portarci nella stanza di Melina, la sarta: era adiacente all'anticucina e da lì avrebbe potuto origliare senza fatica. Filomena pretendeva che Caterina, in quanto vedova, andasse a Mosè al suo posto; l'avrebbe sostituita lei ai fornelli – era «signorina» ed essere vista in automobile accanto a Paolo, loro due da soli, le avrebbe rovinato la reputazione impedendole per sempre di trovare marito. Caterina non ne volle sapere: «Io cuoca sono, non cammarera come a tia!». In quanto tale le spettava di sistemare il riposto a Mosè, e così avrebbe fatto. Poi, alzando la voce, aggiunse che anche lei aveva una reputazione da salvaguardare – «Non importa se una è viduvedda, schietta o maritata!» – e, se quello che diceva Filomena era vero, andare sola in macchina con don Paolo gliel'avrebbe rovinata. Filomena strillò con quanto fiato aveva in gola che di lei si parlava già assai per certe taliate che scambiava con lo spesarolo; l'altra allora non si trattenne e le rinfacciò quel che tutti sapevano: nonostante gli strenui sforzi della madre, Filomena, vicina ai quarant'anni, scucivola e decisamente non bella, non solo non aveva ricevuto alcuna proposta di matrimonio ma mai ne avrebbe ricevute – era destinata a rimanere schietta, al contrario di sua sorella Francesca, più giovane e mansa, che di proposte ne aveva già avute tante.

Nella foga di zittire Caterina, Filomena, che notoriamente non sapeva cucinare, si lasciò trasportare: «Sei gelosa perché cucino meggh'i tia che ti fai chiamare 'cucinera'!». Caterina rise e la rispustiò per le rime: le disse che era anche perché non sapeva cucinare per niente che non aveva, e non avrebbe mai, trovato marito! Per di più, don Paolo era un padre di famiglia e nei trent'anni di servizio per i baroni Agnello non aveva mai inquietato una fimmina di casa: non avrebbe certo cominciato con lei. Caterina aggiunse che nessuno, vedendoli nella jeep del baronello stracolma di sacchi e sacchiteddi, con crozze per lavare i pavimenti, secchi e manici di scopa sul tetto, avrebbe mai pensato che stessero andando a fare una passeggiata romantica, tantomeno che stessero tentando una fuitina. «Strafalaria! Non lo capisci che non ti vuole nessuno?». E così dicendo Caterina sbatté rumorosamente sul tavolo un sacchetto di pistacchi.

A quel punto Giuliana ci aveva portate da mamma, con ancora indosso i grembiulini non finiti, per raccontarle l'accaduto per filo e per segno. Le grida naturalmente erano giunte in salotto – dove si aspettava il ritorno a casa di papà, ancora all'oscuro dell'arrivo dei cugini – e mamma le aveva sentite benissimo, ma le aveva soavemente ignorate mentre gli ospiti allungavano le orecchie e si guardavano perplessi; quando Giuliana ebbe finito il suo accorato resoconto inframmezzato di «ma vedi un po'» e «oddio, che sento» e zio Marco, un omone scuro dalla voce profonda che aveva la fama di essere medium, si offrì di andare a controllare cosa stava succedendo, mamma non poté più fare finta di niente: si alzò e in cucina ci andò lei, da sola. Ma nemmeno il suo arrivo riuscì a placare le due contendenti e così, come ultima ratio, mamma mandò a chiamare Rosalia, la moglie del portiere.

1. Mosè ai primi del Novecento.

Rosalia era una donna saggia e astuta. Pur essendo minuscola sapeva ottenere il rispetto dei suoi interlocutori, masculi e fimmine, puntando loro in faccia i suoi grandi occhi guizzanti. Si faceva ascoltare e obbedire senza alzare la voce, e così avvenne anche quella volta: fu deciso che Filomena sarebbe andata a Mosè con Paolo, ma con la testa coperta da un sacco che avrebbe tolto soltanto quando la jeep avrebbe imboccato la stradella privata di Mosè.

Giuliana ci rivestì in fretta e furia per portarci in portineria ad assistere all'uscita della jeep dall'androne. Era un'ungherese attraente maritata a un siciliano che agli inizi della guerra l'aveva abbandonata, a Trieste, per una donna più giovane ed era stata accolta dai cognati. Desiderosa di indipendenza, aveva poi accettato il posto di bambinaia in casa nostra.

Nonostante nutrisse un profondo disprezzo per certi comportamenti siciliani che considerava gretti, ne era affascinata; non perdeva occasione per assistere a liti e scenate, che del resto non mancavano mai e che sostituivano per lei il perduto piacere del teatro.

La portineria si apriva su via Atenea, la strada del passìo di Agrigento, ed era luogo di sosta per tutti coloro che avevano una sia pur tenue connessione con le famiglie che abitavano nel palazzo o con i loro dipendenti. Prima ancora che Rosalia scendesse con Filomena, suo marito Filippo aveva sparso voce dell'accaduto nel vicinato: l'intero personale della farmacia a lato, i proprietari della merceria dirimpetto e la bigliettaia del nuovissimo cinema Mignon. Ciascuno di loro aveva a sua volta ripetuto la storia in giro, ricamandoci su e attirando altri curiosi.

Chiara e io aspettavamo nella loggia della portineria, occupata in permanenza da zi' Concetta, la scimunita del quartiere, per gentile concessione di Filippo e Rosalia. Giuliana teneva le nostre mani strette nella sua. Nella penombra dell'androne Paolo caricava la jeep, pensieroso; amava il quieto vivere, lui, e ogni tanto sospirava. Vicini, passanti e sfaccendati avevano preso posto ai lati e di fronte al portone. Sul marciapiede dirimpetto, i soci del Circolo del Dopolavoro, accorsi al completo, stavano appoggiati al muro come grappoli di mosche ronzanti. Tutti in attesa. Filomena spuntò in fondo all'androne per prima con il sacco in mano, seguita da Rosalia; quando vide quella piccola folla, si fermò; Rosalia la ammuttò verso la jeep e la fece accomodare frettolosamente accanto a Paolo, già al volante.

«Don Paolo, quando siete pronto a uscire ricordatevi di dirle: 'Filomena, cummugghiativi la testa'!» gli intimò severa, a voce bassa; e poi, all'altra: «E tu ricordati di cummugghiarti col sacco!». Filomena, tesissima, annuì. Rosalia continuò, di nuovo rivolta a Paolo: «Quando entrate nella strada di Mosè, dopo aver superato Rubbabaruni, ricordatevi di dirle: 'Filomena, scummugghiativi la testa'!».

«Signorsì!» tuonò Paolo, e si portò la mano al berretto, sull'attenti.

Quel gesto e quella risposta destabilizzarono Filomena, che aveva tenuto gli occhi risolutamente fissi davanti a sé e all'autista aveva rivolto soltanto un'occhiata di sfuggita. La sua voce stridula fu udita da tutti, dentro e fuori: «'Scummugghiativi', dovete dirmi, don Paolo, chi ci trasi 'stu 'signorsì'?!».

Paolo non la degnò di uno sguardo. Rosalia fece un cenno al marito e quello chiuse la portiera; Filomena, attonita, non reagì. Silenzio assoluto. I colli dei girgintani si allungavano e le loro palpebre si stringevano per individuare le forme nella penombra; persino io trattenevo il fiato.

Poi Paolo girò la chiave della messa in moto.

«Filomena, cummugghiativi la testa!».

Il muso della jeep apparve in piena luce sulla soglia del portone. Giuliana ci spinse fuori dalla loggia, senza lasciarci le mani. Liscia liscia, la jeep glissava sulle balate di via Atenea e si faceva strada tra la folla che stava attorno ridacchiando, mentre la passeggera senza volto si stringeva il sacco alla base del collo, le braccia caparbiamente incrociate sulla solida pettorina, che, compressa nell'uniforme a quadretti e strizzata da quelle braccia pelose, era in splendido rilievo.

Seguimmo la jeep con lo sguardo finché non scomparve dietro la prima curva e poi fummo costrette a risalire a casa, lasciando la portineria brulicante dei curiosi che ascoltavano quanto Rosalia aveva da raccontare – naturalmente con tutta la cautela del caso, perché Rosalia era sempre attenta a proteggere i padroni.

## 2
## «Nonché Mosè»

Educata privatamente a casa e lontana dagli amati cugini Maria, Gaspare e Gabriella che si erano trasferiti a Palermo proprio quell'anno (nell'appartamento accanto a quello in cui viveva Silvano, il figlio di zia Teresa, che per noi era un fratello), sentivo fortissima la mancanza dei miei coetanei – Chiara, minore di tre anni, per me era una bimba piccola, da proteggere. Ed era anche perché tutti i cugini da parte di mamma sarebbero venuti ospiti in casa nostra che avevo atteso con impazienza la villeggiatura estiva.

A mamma piaceva raccontarci come Mosè, una campagna il cui inconsueto nome biblico derivava dal precedente proprietario, un'opera pia, acquistata nei primi dell'Ottocento dal mio bisnonno per costruirvi una casa di villeggiatura accanto alla originaria fattoria, era toccata in eredità a lei: «Il nonno morì prima che io fossi concepita. Mio padre era un giocatore d'azzardo e per questo nel testamento il nonno aveva lasciato le campagne ai tre nipoti già nati e ai nascituri, in parti uguali, maschi e femmine. Ai nomi di Mandrascava, Burrainiti e Narbone ne aggiunse un altro a penna, '*nonché* Mosè'. Come se avesse pensato proprio a me!». Le campagne erano state amministrate in comune dalla loro madre, mia nonna Maria; alla sua morte, nell'immediato dopoguerra, vennero divise tra i quattro eredi. Le terre migliori furono prese dai due maschi e le femmine fecero a sorte con quelle rimaste. A mamma era toccata Narbone, senza casa padronale ma più estesa di Mosè. «A papà la casa di Mosè piaceva molto e ci rimase male», aggiungeva mamma e spiegava che allora, per accontentarlo, lei e zia Teresa se le erano scambiate. Occupata dai tedeschi e bombardata dagli Alleati, la casa tanto voluta dai miei genitori era stata sventrata da una bomba americana ed era in rovina. Con entusiasmo, inventiva e incauto dispendio papà l'aveva ricostruita ampliandone gli ambienti; in meno di due anni Mosè, ritornata alla gloria di un tempo benché priva di elettricità, fu pronta a ospitarci.

Da allora vi trascorriamo le vacanze estive.

Avanzavamo lungo il rettilineo fiancheggiato da pini marittimi, sotto il costone su cui si stagliavano contro il cielo le rovine dei tre templi dorici dell'antica Akragas, e seguivamo in convoglio la Lancia di papà – l'ultima fase del trasloco. Papà rallentava e si voltava a guardare: allora era presidente dell'Ente del Turismo di Agrigento e sognava di far realizzare l'illuminazione notturna dei templi. Seduta dietro con Giuliana non riuscivo a trattenere l'eccitazione, mentre Caterina, accanto a Paolo, guardava anche lei i templi e si godeva la frescura sotto l'ombra odorosa dei pini. Il miagolio di Micia, ai nostri piedi, si era affievolito; intravedevo il bagliore degli occhi verdi attraverso i buchi della scatola artisticamente perciata con un punteruolo, lavoro che aveva occupato più di un pomeriggio di Paolo e al quale ero stata fiera di partecipare. Dopo il ponte sul fiume Ypsas, la statale 115 – direzione Siracusa – si inerpica sulla collina e sbuca nella pianura che dal costone parallelo a quello su cui sorge l'ultimo tempio, quello di Giunone, va a finire sulle dune della spiaggia di Cannatello. A quei tempi era tutta campagna; la distesa di campi coltivati a frumento era interrotta da una cappella ex-voto sulla destra, e poi nient'altro – non una casa, una pompa di benzina, un cartellone pubblicitario. Il collo torto a sinistra, aspettavo tutta contenta di scorgere sul costone la guardiola, avamposto del «nostro» Mosè. Poi la strada curvava e costeggiava il villaggio. Esempio dei borghi costruiti dopo la guerra per minatori e contadini in vista della riforma agraria, il Villaggio Mosè era formato da casette bifamiliari a due piani, intonacate in colori pastello, con davanti due semicerchi concentrici di pietrisco bianco. Molte erano ancora disabitate. Azzurre, rosa, viola e ocra, con un minuscolo giardino, sembravano di legno e create apposta per il diletto di un gigante benigno.

Superato il villaggio, la statale curvava; a sinistra, con un breve rettilineo attraverso campi di grano, iniziava la nostra stradella privata, anch'essa di pietrisco bianco e nuova di zecca. Incapace di contenere la fretta di arrivare, papà pigiava sull'acceleratore e Paolo rallentava per evitare il nuvolone sollevato dalle ruote della

Lancia. Le spighe alte e dorate, non ancora mature, frusciavano al loro passaggio. Ora eravamo sotto La Crocca, la masseria più lontana della nostra campagna, giravamo attorno alla collinetta di Rubbabaruni, una fattoria settecentesca a un solo baglio con un grande gelso fuori le mura di cinta, e poi entravamo nell'oliveto. A metà collina, tra le macchie argentate degli olivi, si stagliava l'alta e massiccia torre medioevale inglobata nella costruzione ottocentesca della casa di Mosè – ai suoi piedi, la fattoria. La jeep intanto rombava sull'ultimo tornante e spuntava sul piazzale d'ingresso.

Sormontata ai lati da torrette merlate, la facciata era piatta e austera: al secondo piano c'erano sei balconi; sotto, sei finestre altrettanto larghe; ai lati del portone di ferro grigio, protette da robuste grate nere, le finestrelle dei magazzini seminterrati. Papà l'aveva ingentilita intonacandola di rosa e aggiungendo agli infissi persiane dipinte di verde; con il tempo, il glicine e gli altri rampicanti appena piantati avrebbero smussato l'altera angolosità dell'edificio e reso omogenee la parte medioevale e quella ottocentesca. Di delicato c'era soltanto la chiesetta, come chiamavamo la cappella attaccata alla casa: la facciata, anche questa rosa, incorporava una campana centrale ed era alleggerita dai gradini di marmo grigio e dal bel portale ad arco acuto con un timpano di tufo giallo scolpito dal semplice disegno geometrico.

Le persone di servizio, assistite dai garzoni, scaricavano le automobili e continuavano i lavori in casa mentre noi salutavamo gli abitanti di Mosè. Lungo il muro ai lati del portone ci aspettavano in piedi l'amministratore, Peppe Puma, e una ventina di contadini, vecchi e giovani, fronte candida su volti bruciati e coppola in mano, in rigoroso ordine gerarchico: primo tra tutti il vecchio Vincenzo Vella – un tempo campiere di Mosè –, calvo e corpulento, il volto arrossato dal sole, occhi benigni e risata fragorosa. Accanto, Luigi, il fratello minore che ne aveva preso il posto, minuto e taciturno, anche lui dagli occhi buoni; poi, gli altri contadini e mezzadri. Erano tutti imparentati tra loro. Non ho ricordo di aver avuto insegnato come comportarmi, ma lo sapevo e mi regolavo di conseguenza sotto lo sguardo attento di mio padre. Ricordavo i nomi di tutti i contadini, e li ripassavo ascoltando i saluti dei miei genitori. Poi, come un'adulta, tendevo la mano e dicevo a voce alta: «buongiorno Caliddu», «buongiorno Ciccio», «buongiorno Luigi», «buongiorno Carmine», «buongiorno Peppi». Mi lasciavo baciare da Vincenzo, che mi sollevava con le braccia possenti, ma non dagli altri; ascoltavo quanto mi era detto e rispondevo educatamente in siciliano senza dilungarmi, soprattutto senza fare domande. Papà andava spesso a Mosè ed era frettoloso nei saluti – cercava di evitare le ultime strette di mano con un generico «salutamu». Mamma, invece, si soffermava a chiedere delle mogli e dei bambini e aveva una parola gentile per ciascuno. Chiudeva il breve corteo Giuliana, sussiegosa e frastornata da quella lingua che mai riuscì a capire.

Attraverso il profondo androne entravamo nel cortile padronale, separato dal baglio piccolo da un lungo muro di fronte a noi; la sola apertura, una porticina, dava sulla stanza della famiata, dove si faceva il pane e dov'era il forno. Ai lati si erano raggruppate le contadine con le figlie e i bimbi piccini. Rosalia, figlia di Vincenzo e moglie di Luigi il campiere, era la prima a venirci incontro e a baciarci, sempre. Quell'incontro, caloroso e informale perché tra noi c'era vero affetto, aveva una propria ritualità tutta femminile.

Se dovessi immaginare la ninfa protettrice di Mosè sarebbe proprio lei, Rosalia. Giovanissima, chiara di pelle e di capelli, attirò l'attenzione di Luigi, suo zio paterno, che si innamorò di lei, e lei di lui. Pazientarono fin quando lei compì diciassette anni; il loro fu un matrimonio di grande armonia da cui nacquero nove figli, tutti allevati a Mosè. Oltre a occuparsi della famiglia e del pollaio, Rosalia, in quanto moglie del campiere, aveva altri compiti. I Vella erano rispettati dalla gente di passaggio, dai garzoni che pernottavano in fattoria e dalle squadre di raccoglitori di mandorle, pistacchi e olive non soltanto perché lavoravano sodo e onestamente, ma anche per la loro ospitalità. Rosalia si occupava di tutti con energia straordinaria e generosità. Non lasciava nessuno affamato e anche ai più umili braccianti serviva vere e proprie minestre di legumi e pane fresco e profumato, anziché una brodaglia di fave annacquate e tozzi di pane duro come facevano le altre. Dopo i saluti, Rosalia ci invitava in casa sua, ai miei occhi una specie di fortezza: ai piedi della sca-

2. Vincenzo Vella, padre di Rosalia, con me (in braccio), Maria e Gaspare, 1947.

la c'era una porta di legno rinforzata con chiavistelli di ferro, e in cima ce n'era un'altra identica, per maggior protezione dai briganti.

Giuliana, Chiara e io seguivamo Rosalia, che aiutava mamma lungo la scala buia, finché sbucavamo nell'unica vera stanza dell'abitazione del campiere – le altre erano in realtà sottotetti –, seguite a nostra volta dalle altre donne. La stanza era divisa in due: in fondo, seminascosto da una tenda appesa a un filo di ferro, c'era il letto grande, con una naca che pendeva dal soffitto per l'ultimo nato, mentre lo spazio dove sboccava la scala, illuminato da una finestra, era arredato a mo' di salotto. Spartana e pulitissima, la casa di Rosalia aveva una sua dignità. Su una parete troneggiava la stampa di un Cristo dal cuore sanguinante. Il tavolo stretto era stato per l'occasione accostato al muro e le sedie di paglia erano disposte in semicerchio per noi e per le contadine più vecchie. Le altre donne sedevano su sgabelli in ordine di anzianità o rimanevano in piedi. La cucina a legna era nel sottotetto a destra, la cui parte bassa fungeva da dormitorio per le figlie femmine di Rosalia. I maschi dormivano in quello a sinistra.

Ogni ninfa ha il suo rito, e quello di Rosalia era il caffè d'u parrinu, celebrato soltanto all'arrivo di mamma e a quello di zia Teresa. La cuccuma del «caffè speciale» – come lo chiamava Giuliana – brontolava sul fornello, il coperchio ben chiuso, ma dal beccuccio sfuggiva un profumo speziato, anticipo del pieno aroma, e ci raggiungeva sottile sottile, penetrava nelle narici e poi invadeva la stanza: un misto di cacao, vaniglia, chiodi di garofano, caffè e cannella. Occhi a mandorla e mani piccole, Rosalia, sempre nerovestita, con il fazzoletto annodato sulla nuca e il grembiule legato in vita di un blu acceso, non scuro come quello delle altre fimmine maritate – suo unico vezzo –, si destreggiava tenendo d'occhio la cuccuma: sempre pronta al sorriso, controllava i suoi piccoli e dava conto a tutte, grandi e piccine.

Dopo aver versato il caffè nelle tazzine, Rosalia lo offriva a mamma e a Giuliana; poi si dedicava a me e a Chiara. Non permetteva alla bambinaia di interferire: voleva farcelo assaporare lei stessa, il suo caffè d'u parrinu, come si doveva. Sollevava la tazzina fumante e versava un po' di caffè sul piattino; vi soffiava sopra e mi incoraggiava a soffiarvi a mia volta, piano piano, senza farlo schizzare. A quel punto, come se fosse un cucchiaio mi porgeva il piattino inclinato col caffè, fumante ma non più bollente, e mi metteva sotto il mento un tovagliolo ricamato, 'nsamai ci fossero state delle scolature. Mentre succhiavo quel liquido nero, i singoli ingredienti rivelavano la loro identità. A turno, uno prendeva il sopravvento sugli altri e si distingueva, per un attimo di gloria fugace, prima di tornare a confondersi: ne prendevamo pochi sorsi, ma erano deliziosi. Dolce, cioccolatoso e aromatico, quel caffè mai offerto a gente di fuori legava le donne della famiglia di mamma a quelle della famiglia di Rosalia, che da sette generazioni abitava a Mosè, e celebrava l'indulgenza nel superfluo della gente dei campi, un'indulgenza rasente il peccato.

Non per nulla veniva offerto ai preti dopo la messa celebrata nella nostra cappella.

Anni dopo osai chiederne la ricetta. Le labbra ormai sottili increspate dallo stesso sorriso limpido, e tuttora bella, Rosalia non disse né sì, né no. Mi elencò i sette ingredienti e spiegò che il caffè d'u parrinu, fatto come si doveva, richiedeva una lunga preparazione: due giorni di raccolta del tufo e di bollitura, infusione, ribollitura «e poi deve arripusari». Non mi diede la ricetta, ma per il resto del mio soggiorno a Mosè me ne portò una caffettiera intera a metà mattina, ogni giorno. Ricetta, niente. Sua figlia Antonia mi disse anni dopo che la madre, benché avida lettrice di libri e riviste di argomento religioso, scriveva di rado: tutte le sue ricette le sapeva a memoria e temeva di non riuscire a scriverle per bene. Antonia e, ora, Chiara lo preparano esattamente come lei. Ma il loro caffè d'u parrinu, benché ottimo, non è la stessa cosa – manca il tocco magico di Rosalia.

## 3
## La minestrina primavera di Giovannina

La scala grande, all'interno dell'arco della torre, aveva due sole rampe; la prima, luminosa, breve e con vasi di gerani al posto della ringhiera, lungo il muro di fondo dell'androne; la seconda invece partiva da uno stretto arco acuto e perciava torre e casa ottocentesca per raggiungere in un'unica tirata il primo piano.

Arrancavo per le scale, dominata da un solo pensiero: i nidi. Li avrei trovati? Con uccellini vivi? Quanti? In primavera, passeri e assioli si spingevano attraverso le stecche delle persiane nell'intercapedine che le separava dai vetri delle finestre, e vi facevano il nido; mamma dava ordine ai garzoni che avevano il compito di aprire e spazzolare le persiane di distruggere soltanto i nidi vuoti. Chiara e io avremmo voluto fare gli scalini di corsa ma Giuliana, che non amava gli uccelli e zoppicava, ci tratteneva, anzi, sembrava che andasse più lenta del solito. La luce nel salotto del primo piano era abbagliante: niente nidi, lì. L'odore della casa appena aperta, mischiato a quello molle delle messi e a quello pungente della zagara dei limoni che entravano dalle finestre spalancate, intossicava, tanto era potente. Passavamo di stanza in stanza, il cuore in gola, sperando di trovarvi penombra. Invano. Tremanti, ci fermavamo poi sulla soglia delle camere buie. Aprivamo le imposte piano piano. Ogni nido era diverso. Ce n'erano pochi con uova prossime a scovare; le contavamo e cercavamo di indovinare quale uovo si sarebbe aperto per primo e quando. Sbirciavamo incantate gli uccellini appena nati, umidicci e tutti becco, addossati muti uno all'altro. I più grandi – batuffoli di piume grigiastre dal becco appuntito – pigolavano sommessi, strazianti. Credendo di aver messo in fuga i genitori, ci disperavamo al pensiero che fossero stati abbandonati per colpa nostra. C'erano anche nidi con uccellini già cresciuti e pronti a volare: ciarmuliavano incuranti dei nostri nasi schiacciati dietro il vetro. Giuliana ci accontentava e permetteva che osservassimo tutti i nidi, tranne quelli in cui i futuri genitori covavano. Il massimo della felicità, per noi, era trovare nidi nelle persiane della nostra camera da letto; allora sopportavamo stoicamente il caldo, la mancanza di luce e l'aria stantia. Ogni mattina lasciavamo la stanza rose dall'ansia di trovarla con la finestra spalancata: certe volte la scopa di Filomena, trasportata dalla passione per la pulizia, non resisteva a spazzare via il nido e i suoi occupanti per cambiare l'aria. Sospettando che ci fosse lo zampino di Giuliana, anche quando se ne accorgeva mamma non la rimproverava.

Chiara e io non mangiavamo con papà e mamma. Ad Agrigento la nostra camera da pranzo era la stanza di Melina, la sarta, e a Mosè prendevamo i pasti nell'anticucina, che quel giorno era ingombra di pacchi e provviste. Eccezionalmente, la prima sera a Mosè ci era concesso entrare in cucina e seguire la preparazione della nostra cena. Il menu era fisso: minestrina primavera di Giovannina, una delle nuore di Vincenzo, tuma all'argentiera e frutta. Giovannina, una giovane mamma dal volto di luna, grandi occhi scuri e sopracciglia ben marcate, preparava la minestrina – guai a chiamarla minestra, era un'altra cosa – in un pentolone di alluminio annerito dal fuoco in cui metteva i resti dei legumi conservati per i mesi invernali – lenticchie, fave e ceci –, verdure fresche tagliate a dadini e favette, piselli, cipolle e patate con una cucchiaiata di estratto di pomodoro e gli odori a disposizione: prezzemolo, sedano e qualche grano di pepe. Il segreto, ci diceva, allargando le braccia e alzando le spalle, era la lentissima cottura durante la quale gli ingredienti erano aggiunti uno alla volta, per non scuocerne nessuno. Giovannina era ingegnosa: la pastina da brodo costava cara e lei se la faceva con i resti di pasta di vari formati, chiusi in una mappina e pestati energicamente con una pietra. Cotta a parte, la univa alle verdure fumanti prima di servirla.

Assistevamo dal balcone della cucina alla jisata della minestrina. Sul cortile sottostante, al di fuori dei bagli, si aprivano le abitazioni di Vincenzo e di un altro Luigi, il suo figlio maggiore e marito di Giovannina. La minestrina primavera era già stata sistemata nel paniere, avvolta in una mappina e coperta da un panno pesante. Giovannina e le sue giovani cognate davano gli ultimi tocchi: una intrusciava la pentola nel panno, un'altra controllava il nodo della corda, la terza sollevava il paniere per assicurarsi che non fosse troppo pesante. Mentre Caterina lo tirava su, Giovannina le faceva l'ultima raccomandazione, «prima di servirla mittitici tanticchia d'olio e una cucchiaiata di pecorino grattugiato!», e quella calava la testa. Nessuno è mai riuscito a emulare la minestrina primavera di Giovannina. Era fresca, gustosa e profumatissima, c'erano davvero tutti i sapori di maggio. Ogni cucchiaiata era diversa, perché i pezzi di pasta, oltre ad avere consistenza varia – callosa, semolosa, molle – erano disuguali per forma e dimensioni; a volte scivolavano dal cucchiaio e prendevamo soltanto il brodo, altre volte pescavamo soltanto pasta. Questo ci permetteva di assaporare i diversi ingredienti e aggiungeva il piacere della sorpresa.

Per secondo prendevamo la tuma all'argentiera, Caterina ce la metteva tutta per non farsi superare da Giovannina. Noi seguivamo il processo di cottura dal balcone, per non correre il rischio di bruciarci o di disturbarla: Caterina doveva anche alimentare con palittuna di scorze di mandorle i fornelli della modernissima cucina economica installata da papà, che lei, abituata ai fornelli a gas della cucina di Agrigento, detestava. Lì in piedi sul balcone, Chiara e io arricciavamo il naso agli acri odori che salivano dal gregge e ogni anno faticavamo ad abituarci al tedio del loro belare, ma la ricompensa era notevole: quagliata fresca e ricotta con il siero ogni mattina e la sera, poi, la tuma. La tuma è il primo pecorino senza sale, umido e di consistenza elastica; quella di qualità migliore si riconosce perché zirria – stride – sui denti. È scipita, ma si marita benissimo a una infinita quantità di sapori e ingredienti nei piatti poveri. A casa nostra la si cucinava a solo in quella pietanza dal nome affascinante – tuma all'argentiera – che evocava in me immagini di bagliori di candelabri, porcellana fina e tovaglie impreziosite di merletti. Ricordo ancora la delusione quando la mia amica Chicchi mi raccontò che quel piatto doveva il suo nome a un argentiere caduto in bassa fortuna; per nascondere la propria indigenza ai vicini curtigghiari, li gabbava cucinando sapientemente una fetta di modestissima tuma come se fosse un succulento filetto, con tutti gli aromi, e quelli ci cadevano! Ma a quel punto anche Chiara e io cominciammo a immaginare di prendere in giro i vicini, nel nostro caso inesistenti, e a divertirci moltissimo ogni volta che ci trovavamo nel piatto la tuma all'argentiera.

Caterina soffriggeva una cipolletta tritata con una cucchiaiata abbondante d'olio, sua personale variante alla ricetta. Quando diventava rosata adagiava le fette di tuma, alte un centimetro, nella padella e dopo averle fatte bruciacchiare da un lato le girava dall'altro; quindi aggiungeva dell'aceto di vino bianco, alzando la fiamma per farlo sventare velocemente, e all'ultimo, sale, pepe e una spruzzata di origano. A quel punto copriva la padella con il coperchio per mantenere calore e aromi, prima di portarla a tavola e servirci.

Noi intingevamo nel sughetto una fetta di pane sottile – quello della settimana precedente, con la mollica compatta, quasi dura – e infilzavamo sulla forchetta un pezzo di pane e uno di bianca tuma filante sotto la crosta dorata, ancora calda: una vera leccornia. «Questo piatto è di veloce ma non facile cottura», sentenziava Giuliana, gustandone un altro boccone, «bisogna saperlo preparare». E ci raccontava che quando la tuma all'argentiera non riusciva, cioè quando le fette si spappolavano nel friggerle, o quando si bruciacchiavano, la tuma si tramutava da disastro culinario in squisitezza – bastava schiacciarla e spalmarla calda sul pane raffermo. Poi aggiungeva, con una smorfia: «La tuma all'argentiera di mia cognata Angelina va a finire sempre così, sul pane duro. Caterina invece la prepara come si deve!». E si leccava le labbra.

# 4
## I primi giorni di villeggiatura

Dalla nostra camera da letto si vedeva la Rupe Atenea, lontano lontano, stagliarsi contro il cielo. Era la parte più alta e meno abitata di Agrigento. Il mito vuole che duemila e quattrocento anni fa, durante una pestilenza, il filosofo Empedocle, uomo eclettico, avesse tagliato la montagna su cui era costruita Akragas e creato un canale d'aria che spazzò via i germi della peste, salvando la popolazione. A non più di sette chilometri dalla nostra collina, Agrigento sembrava irraggiungibile. Un altro mondo.

Le differenze tra la vita di città e quella di campagna erano immense, a cominciare dalla casa in cui abitavamo. Il palazzo di Agrigento, in via Atenea, era rimasto immutato dalla fine dell'Ottocento. La scala era monumentale: larghi gradini di marmo grigio; ornate ringhiere di ferro battuto e pianerottoli abbelliti da colonne doriche, con statue di divinità greche nelle alcove ad angolo e discreti sedili a muro per gli affaticati. L'illuminazione non proveniva dal lucernario ma da applique a forma di mazzi di rose, con una lampadina in ogni bocciolo di vetro rosato. Dal piano terra la scala, scavata nella roccia, scendeva nelle scuderie dove, tra casse di roba vecchia e carrozze in svariati stadi di decomposizione, Filippo, il portiere, teneva le sue capre. La luce era fioca – alle applique mancavano molte lampadine, per risparmiare, e lungo l'ultima rampa sotterranea non ce n'erano del tutto.

La casa di Mosè, ben più antica ma interamente ristrutturata, sapeva invece di nuovo e di moderno. L'occupazione degli eserciti di quattro nazioni – Italia, Germania, Gran Bretagna e Stati Uniti – e il bombardamento americano avevano distrutto parte dei tetti e degli arredi e quanto rimasto era stato rubato, con l'eccezione del pianoforte a coda e delle credenze in cucina. Dopo aver fatto aggiustare i tetti, papà aveva dato una ripulita ai pochi mobili trovati nei magazzini e riciclato quelli scampati al bombardamento. Industriosa e immaginativa, mamma era riuscita a dare un tocco di armonia e perfino di eleganza a quell'accozzaglia di resti: le tavolacce sui trespi, ingentilite da teli di cretonne a fiori e drappi di broccato, facevano la loro figura nel soggiorno e nel salotto, mentre alle pareti intonacate di bianco spiccavano i quadri ereditati da nonno Gaspare, nelle belle cornici fin-de-siècle di lacca nera e finta tartaruga, o in quelle dorate e arricchite da granelli di vetro sparsi a mo' di brillantini. Per distogliere l'attenzione dal fatto che erano tutti spaiati, anche letti, toilette a fagiolo e comodini delle camere degli ospiti erano stati coperti da stoffe allegre. C'era un nuovo impianto elettrico, sotto traccia, ma non la luce: il motorino a petrolio lasciato dagli americani funzionava raramente e per poco, e mancavano i denari per mettere i pali per l'allacciamento alla rete elettrica del villaggio. Noi ci adattavamo: una vecchia ghiacciaia veniva usata per rinfrescare il cibo, anche se non lo manteneva davvero freddo, e due grandi lampade alimentate da bombole di gas illuminavano la camera da pranzo e la terrazza. Amavo sfogliare i libri illustrati alla luce tremolante delle candele e leggere a quella più forte delle lampade, anche se non sopportavo l'odore acre dell'acetilene, meno costoso del petrolio e dunque molto in uso. In casa c'era l'acqua corrente: scendeva dai serbatoi in cima alla scala di servizio, alimentati con l'acqua della cisterna per mezzo di un motorino che si inceppava periodicamente e con quella delle quartare portate dall'abbeveratoia. L'acqua era preziosa e bisognava evitare gli sprechi: Giuliana faceva il bagno a me e a Chiara nella stessa acqua, «la più sporca per ultima».

Ad Agrigento ero praticamente reclusa all'ultimo piano del palazzo. Mi sentivo sospesa tra la città che saliva ripida sulla collina fino alla cattedrale di San Gerlando, la cui sagoma – tetti, campanile e cupola – spiccava contro il cielo del nord, nitido e intensamente azzurro, e lo scosceso pendio di mandorleti che correva e si arrestava sul costone della Valle dei Templi, a sud. Il mare luccicava dietro le colonne doriche come un nastro di seta dello stesso colore del cielo. Mi pareva che quel nastro avvolgesse templi e città imprigionando anche me, nascosta dietro il vetro della finestra come un bruco sotto una foglia.

A Mosè invece ero libera e partecipavo alla vita della campagna. Chiara, timidissima e cagionevole di salute, giocava con le bambole e disegnava; io andavo fuori, da sola. In cortile incrociavo contadini, stimatori e sensali che venivano a parlare di affari con papà; inoltre, assistevo interessatissima alle attività di Peppe Puma: pesare il raccolto – grano, avena, cotone, secondo i mesi – che veniva direttamente dai campi, riporlo nei granai, dividerlo in sacchi, organizzare il trasporto e la vendita. La scansione della giornata predisposta da Giuliana era regolarmente stravolta dalle novità della fattoria: nascite di cagnolini, puledri, vitelli e agnelli; la notizia che i primi fichi erano maturi, e che dunque *dovevano* essere raccolti subito; piccoli drammi come un gatto morto, un cane ferito da medicare, un altro tornato dall'abbeveratoia con la bocca sanguinante per le sanguisughe, un altro ancora investito da un camion sullo stradale; poi c'erano le riparazioni degli attrezzi, i guasti del trattore e dei motorini. Guardavo tutto e assorbivo tutto quello che riuscivo a imparare.

A Mosè le camere degli ospiti non erano mai vuote. I nonni paterni e la famiglia di zia Teresa – zio Peppino e Silvano, il cugino preferito – ci raggiungevano subito dopo il nostro arrivo e rimanevano l'intera estate; la famiglia di zio Giovanni – zia Mariola e i cugini Maria, Gaspare (maggiori di me rispettivamente di quattro e due anni) e Gabriella (coetanea di Chiara) – veniva ogni anno per almeno un mese e altri, parenti o amici-come-parenti, stavano da noi qualche settimana. In più, arrivavano ospiti a sorpresa per pranzo; di sera, mai: erano i tempi dei regolamenti di conti e degli omicidi della rinvigorita mafia, del brigantaggio e delle lotte per la terra dei contadini, delusi dalle mancate promesse del governo. Sostenuti dalla sinistra e osteggiati dalla Democrazia Cristiana, avrebbero ottenuto nel dicembre di quell'anno la redistribuzione della grande proprietà fondiaria con la legge della riforma agraria. Tutto ciò per me era sintetizzato in un'unica parola di cui non conoscevo il significato ma che mi incuteva paura, lo SCORPORO. Ogni anno, poi, ritrovavamo le nostre compagne di gioco: Maria e Mela, le figlie minori di Rosalia, e la loro cugina Cettina: Mela e Chiara stavano insieme tutto il giorno, Cettina aveva tre fratelli minori a cui doveva dare conto e veniva meno spesso; Maria veniva nel tardo pomeriggio, dopo aver sbrigato i lavori domestici che le erano assegnati e fatto i compiti: frequentava la scuola rurale che papà aveva ripristinato nella stanza che si affacciava sull'androne, imbiancata di fresco; l'avevo frequentata anch'io, l'autunno precedente, quando eravamo rimasti in campagna fino a novembre per la raccolta delle olive, e ci sarei tornata volentieri, ma papà non volle mai.

Avevamo tanto da fare nei giorni prima dell'arrivo dei cugini: tirare fuori dalle casse i giocattoli, pulire biciclette e monopattini e verificarne lo stato, e poi arredare la casetta, costruita su misura da Michele il falegname, che mamma aveva fatto montare nella stanza dei giochi. Aveva due finestre con i vetri e le persiane verdi, una porta con tanto di batacchio e un tetto spiovente rosso ciliegia; ci entravamo in quattro, seduti comodamente attorno al tavolino, e bisognava attrezzarla. Con Giuliana tiravamo fuori dalle scatole piatti, bicchieri e posate per la merenda, e tutto l'occorrente per le bambole: il loro salottino, anche quello opera di Michele, e la culla. La casetta era il regno di Chiara, e le bambole erano le sue beniamine; io non ricordo di averci mai giocato. Invece, aiutavo Melina la sarta. Quell'inverno zio Giovanni, il fratello maggiore di mamma, aveva lasciato l'appartamento del palazzo di Agrigento per trasferirsi in uno ben più piccolo e modesto a Palermo e le aveva regalato i mobili che non gli servivano più, inclusa la camera da letto appartenuta ai loro genitori. Mamma e Melina si erano messe a preparare cuscini per nascondere gli strappi nell'imbottitura delle sedie e a cucire fodere per i divani regalati dallo zio. Dopo aver tagliato, imbastito e cucito a macchina, Melina toglieva l'imbastitura e passava alle rifiniture – «lavori non di concetto» li chiamava lei, che durante quelle operazioni si metteva a raccontare le sue storie. Chiara e Giuliana ci raggiungevano per ascoltarla. Tra una favola e l'altra, tutte meravigliose, Melina, aiutata da Giuliana, ci insegnava a togliere l'imbastitura e perfino a preparare gli orli. Ricordo la sua bella voce pastosa, quando interrompeva un cuntu per lodare Chiara, che con le sue manine era una scucitrice ordinata ed esatta, o per correggere me – una pasticciona. Tiravo il filo con troppa forza e lei mi fermava dolcemente la mano – «Piano, piano! Si rumpi! Ci voli pazienza!» – mostrandomi come avrei dovuto sfilarlo: allentare il doppio punto che lei usava al posto del

3. Con Giuliana, 1948.

nodo e poi tirare il filo piano piano, senza strapparlo o romperlo, agevolando la sfilatura con il dito, per poi riutilizzarlo in un'altra imbastitura. Foderati e ricoperti di stoffe nuove, quei mobili diversi per stile e qualità si amalgamarono ai nostri rendendo la casa ancora più bella e accogliente; mi sentivo partecipe della trasformazione, ne ero fierissima.

A Mosè lavoravano tutti. Ai figli dei Vella erano assegnate delle incombenze sin da quando erano piccoli. I maschi, dopo aver completato le elementari, lavoravano nei campi. Quelli appena più grandi di me, dopo la scuola aiutavano a pulire le stalle e facevano la spola a cavalcioni di asini e muli senza sella bardati con le sole vardedde, con due quartare appese ai fianchi, in carovana lungo la carrettiera costeggiata da muri a secco che univa la fattoria e l'abbeveratoia. Le femmine si occupavano dei fratelli minori, delle faccende di casa e dei pollai. Quell'anno anch'io ebbi assegnato un «lavoro»: scendere in cortile per accogliere le visite, a sorpresa e no, e accompagnarle alla terrazza del secondo piano, dove i grandi trascorrevano le giornate; si rivelò più faticoso di quanto avessi immaginato – venivano visite a tutte le ore –, ma molto istruttivo: ascoltavo le frasi dette come se io non fossi stata presente e tutta orecchie, e le frecciate degli ospiti che, salendo le scale, commentavano e criticavano la mia famiglia.

Assaporavo i complimenti degli ospiti più gentili che elogiavano la mia bravura nell'accoglierli, ma subii anche l'amara umiliazione di dover riconoscere la mia incapacità in un altro compito, ben più importante. Papà stava poco con noi bambine e in realtà non si occupava di noi, ma nei primi anni di villeggiatura a Mosè si interessò brevemente alla mia educazione. Con lui e con i contadini voleva che parlassi siciliano – che ad Agrigento ci era vietato – e così divenni consapevole che era quella, non l'italiano, la nostra lingua, anche se dovevamo imparare meglio l'italiano che era la lingua della scuola. Papà, non avendo figli maschi, tentò di inculcarmi il suo amore per l'agricoltura. Mi portava in giro per i campi per farmi conoscere i lavori della campagna e le varie colture. Innamorata del mio bellissimo papà, lo seguivo obbediente e coraggiosa, dovunque. Ci fermavamo a osservare la fioritura degli olivi, il carico dei mandorli e dei pistacchi, e lui mi insegnava a riconoscere le diverse piante paragonandole l'una all'altra. Mi mostrava le foglie malate, i danni causati dalla grandine e dallo scirocco e quelli dovuti ai parassiti, e ogni tanto mi metteva alla prova chiedendomi di dirgli se un certo albero era stato danneggiato oppure no.

Io non sapevo di essere miope e davo risposte inventate. Mi distraevo. Seguivo il percorso delle formiche sul tronco del fico all'altezza dei miei occhi, con le palpebre socchiuse per metterle a fuoco meglio, anziché alzare lo sguardo e tentare di individuare i frutti acerbi sui rami alti, come lui avrebbe voluto. Osservavo i volti dei pastori, rugosi e battuti dal sole e dal vento, anziché cercare in mezzo al gregge le pecore gravide. Esclamavo «che bello!» alla vista delle messi in cui enormi papaveri viola, fiordalisi e ciuffi di gramigna verde scuro erano frammisti alle spighe dorate, anziché deplorare l'infestazione di quelle erbacce. Papà, che paziente non era, mi spiegava di nuovo, e di nuovo io davo risposte sbagliate. Poi, conscia del suo silenzio deluso, mi consolavo succhiando il gambo lungo e limonoso dell'acetosella. Finché lui ci levò mano. Chiara, che dopo la morte di papà avrebbe preso in mano la gestione di Mosè migliorandolo enormemente – ha introdotto l'agricoltura biologica, restaurato la casa e creato un agriturismo nella fattoria –, era piccola e così lui cominciò a portarsi Silvano, più giovane di me di nove mesi e allievo volenteroso e capacissimo. Da allora mi disamorai dell'agricoltura.

Eppure, le sensazioni più intense dei primi giorni a Mosè, quelle che mi sono rimaste impresse, non sono legate al drastico cambiamento di stile di vita quanto piuttosto al cibo.

Un viale di poche centinaia di metri partiva dal portone di casa e finiva di fronte a due pilastri senza cancello, chiamati I Pali; piegava poi ad angolo retto e diventava la trazzera, cioè una strada carrozzabile, che portava all'abbeveratoia. Era stato l'accesso principale alla casa fino a quando era stata creata la stradella di terra battuta che allacciava la casa alla «nuova» statale 115, costruita durante il fascismo. Il campo dietro I Pali si chiamava Zuccu Santu perché, in tempi immemorabili, la Vergine Maria era apparsa ad alcuni braccianti nel tronco cavo di un olivo.

Vi crescevano due arbustoni di *Maclura pomifera*, delle cui foglie sono ghiottissimi i bruchi; papà diceva che probabilmente un tempo lì c'era stata una piccola piantagione per l'allevamento dei bachi da seta. Lui vi aveva piantato un mandorleto. Bellissimi durante la fioritura bianco-rosa, a febbraio, i mandorli diventano subito brutti: tronco grigiastro, rami nodosi, foglie rade. Non li ingentilisce nemmeno la crescita delle mandorle, ovali e vellutate. Proprio quelle erano l'oggetto della mia golosità quasi concupiscente. Le coglievo torcendo il picciolo e aprivo abilmente mallo e guscio con una pietra, senza intaccare il giallo involucro rugoso, simile a una pellicina, che proteggeva il frutto non ancora formato. Lo sollevavo con delicatezza, senza romperlo, e succhiavo il liquido gelatinoso, dolce, fresco e profumato. Erano squisite, come anche le mennule quagliate, quelle appena più sode. Me ne riempivo le tasche del grembiule con l'intenzione di portarle a mamma e conservarle per l'arrivo di zia Teresa, che ne andava ghiotta anche lei, ma spesso me le mangiavo tutte.

Non riuscii mai a capire perché a Mosè la nostra dieta fosse tanto diversa da quella di Agrigento. Senza dubbio non c'era lo spesarolo, ma papà andava ad Agrigento o nei paesi vicini ogni giorno: avrebbe potuto comprare tutto ciò che ci serviva – oltretutto, gli piaceva. Invece, ritornava a mani vuote. I primi giorni desideravo molto il pesce, che in città ci veniva servito ogni sera, e i formaggini che non mancavano mai alla nostra tavola. Quando chiedevo a papà di comprarli, ricevevo sempre la stessa risposta, lapidaria: «In campagna mangiamo quello che si produce, come i contadini». Nell'attesa della dovizia della frutta estiva dovevamo accontentarci dei meloni d'inverno, gialli, rugosi e dalla polpa verdastra, dolce ma non profumata; dall'orto, dove i pomodori erano ancora verdi, le melanzane e i peperoni acerbi e i cetrioli piccini, arrivavano soltanto le zucchine corte, verde pallido e a sezione ottagonale, «cucuzza da friggere». E con quella cucuzza Caterina preparava un primo piatto squisito: spaghetti con le zucchine tagliate a rotelle e fritte, conditi con l'olio della frittura e l'aggiunta, sul piatto, di pepe e di una cucchiaiata di pecorino. In attesa di cucinare per tre mesi di fila soltanto pasta al pomodoro, Caterina si sbizzarriva nei condimenti e portava a tavola veri capolavori della cucina contadina. Oltre agli spaghetti aglio e oglio, c'erano le linguine con l'acciuga, saporite e bellissime a vedersi perché al posto del formaggio si serviva mollica tostata in due differenti versioni – quella bianca e quella rossa, con i resti dell'estratto dell'anno precedente.

A cena, al posto del merluzzo bollito Caterina ci offriva uova prese dal pollaio quel giorno stesso, sode. Chiara, inappetente, detestava l'uovo sodo, e naturalmente non le importava affatto che fosse considerato nutriente e digeribile. A volte Caterina preparava apposta per noi il pisci d'ova, una frittata ovale abilmente arrotolata a forma di pesce, con tanto di coda che lei creava con due sforbiciate a V capovolta, e capperi al posto degli occhi. Invece dei morbidi formaggi di vacca e dei salumi importati dal continente, c'erano tuma e primosale. Mangiavamo anche, accompagnate dal pane, le squisite olive verdi conzate con olio, aglio, sedano e prezzemolo. A pranzo, i secondi senza carne erano gustosissimi: spitini con tuma e acciuga, impanati e fritti; rollò di tonno sott'olio con patate e capperi; uova fritte alla romana.

In più, e questa era un'abitudine che avevamo solo a Mosè, c'era una favolosa prima colazione a base di latticini di pecora. A differenza di quanto accade nei paesi freddi, in cui si ha bisogno di un pasto caldo e nutriente di capomatina per affrontare il lavoro della giornata, la prima colazione in Sicilia era – e per molti ancora è – il pasto meno importante: spesso, bastavano un pezzo di pane e il caffè. Casa nostra non faceva eccezione: papà e mamma prendevano il caffè a letto, Chiara e io biscotti al Plasmon o pane duro con il caffellatte, sedute a una tavola non conzata o addirittura in piedi. Invece a Mosè la prima colazione diventava un vero e proprio pasto, e per giunta sontuoso. Ci sedevamo a una tavola apparecchiata per mangiare la quagliata fresca fresca, appena jisata dal cortile con il paniere, lucida e liscia come un budino di latte, su cui spargevamo zucchero e cannella pestata, o per divorare scodelle intere di ricotta con il siero ancora tiepido: i dolci fiocchi della ricotta si sposavano alla perfezione con il siero in cui ammollavamo pezzetti di pane duro. Pane, ricotta e siero: un trio delizioso.

# 5
## La famiata di Rosalia

Il pane, e non la pasta, era il cibo principale dei contadini. Nei periodi di magra perfino il cacio, classico companatico delle fattorie con ovini, scarseggiava; ma la fame a Mosè non si fece mai, nemmeno negli anni di guerra – anche allora, il nostro frumento e le nostre olive bastarono a sfamare tutti. Ogni settimana si panificava per le cinque famiglie che vivevano nella fattoria, più i garzoni. In estate eravamo di più, perché anche noi mangiavamo esclusivamente il pane di Mosè.

Fare il pane era un lavoro di gruppo faticoso, ed era «cosa» di donne. Ciascuna madre panificava per il proprio nucleo familiare – a turno e in giorni diversi –, ma tutte le altre, dalle anziane alle bimbe, erano pronte ad aiutare. La stanza del forno era nella casa di Luigi, il campiere, non soltanto perché Rosalia potesse sovraintendere ma anche perché lei panificava più delle altre: oltre che per la propria famiglia, faceva il pane per i garzoni, i braccianti e gli operai avventizi. In più, nell'arco dell'anno e secondo i lavori stagionali, dava da mangiare ai potatori degli olivi e alle squadre dei raccoglitori di mandorle, pistacchi e olive. Oltre che dalle parenti, Rosalia era aiutata in cambio di vitto e alloggio da una vedova. Nipote della Carcaredda, una favarese famosa per la bontà del pane che famiava, Marastella era stata ingaggiata per aiutare nelle pulizie di casa e badare agli animali domestici, ma soprattutto per la panificazione; e aveva deluso tutti: il suo pane era giusto giusto, e Rosalia non poté mai contare davvero su di lei per quel compito fondamentale. Ma Marastella era sola e disgraziata, e dunque se la teneva.

Rosalia ci permetteva di assistere alla famiata a condizione che non disturbassimo. La sera prima andavamo a casa sua per il primo stadio della panificazione. Con fare solenne, prendeva dalla madia una pagnottella di pasta lievitata della settimana precedente, la livatina, che aveva lasciato a seccare. Noi, tutte comprese, la guardavamo togliere con decisione la crosta esterna rivelando all'interno la pasta giallo paglierino e spugnosa, trasformata in lievito; quando ce la faceva annusare, aveva un odore dolce-salato. Poi Rosalia la lavorava in una piccola majdda – un recipiente di legno rettangolare dai lati alti e svasati – dove aveva sparso un po' di farina e uno spruzzo di sale, per far uscire aria e gas; dopo di che, la lasciava riposare. Nel frattempo, versava nella majdda due chili di farina, formandovi al centro una conca; quindi, vi aggiungeva la livatina sciolta nell'acqua tiepida e impastava. Il lievito così ottenuto, 'u crescenti, avrebbe riposato fino al mattino seguente e poi sarebbe stato aggiunto alla farina per il pane della settimana.

Il giorno della famiata Giuliana ci svegliava presto: io, che di solito ero riluttante ad abbandonare il letto, ero la prima a balzare su ed ero subito pronta – occhi cisposi e cuore martellante per l'eccitazione. Allineate contro il muro accanto alla porta della stanza della famiata che dava sul nostro cortile, in modo che potessimo sgusciare via per sgranchirci le gambe, o se ci fossimo annoiate, guardavamo senza fare domande: le donne dovevano concentrarsi, il processo della panificazione durava tutta la mattinata ed esigeva attenzione continua. «Se le distraete e il pane viene male, noi e gli altri dovremo mangiarlo così com'è per una settimana intera!» ci ammoniva Giuliana. Ma era così interessante che mi era facile rimanere ferma, occhi, orecchie e naso aperti. Chiara, anche lei tutta occhi, stringeva forte la mano di Giuliana.

Le donne iniziavano a lavorare di prima mattina. Ciascuna aveva un compito. Collaborava un solo uomo, in genere un garzone: trasportava sacchi di farina, fascine di legna, aiutava alla sbriga e portava i cesti colmi di pane fresco nella cucina di Rosalia e a casa nostra, dove il pane veniva conservato nella madia e, quando era tanto, nelle cassapanche. Le bambine, e a volte anche i maschietti, avevano una quantità di incarichi diversi e importanti: spezzavano i ramoscelli di olivo secchi e li smistavano in due cesti – uno di rami sottili e lunghi con le foglie, che bruciavano velocemente, un altro di rametti corti per avviare il fuoco – accanto alla catasta di rami nodosi per il fuoco sostenuto della cottura; su richiesta, portavano veloci altra acqua e farina alle donne che impastavano; spazzavano con le foglie di giummara la farina caduta a terra, dove le formiche erano in agguato; mandavano via cani, gatti e galline che entravano dal baglio e davano la caccia ad api, vespe e mosconi che ronzavano attorno alle donne, pronti a pungere le carni bianche delle loro braccia, nude fin sopra il gomito.

Le donne tacevano; il lavoro era intenso, la tensione palpabile. C'erano momenti di levità, quando cantavano per scandire i tempi dei lavori ritmici di squadra e quando scambiavano brevi battute e ridevano modellando i singoli pani. Marastella, scurissima in volto, ci incuteva soggezione: era l'unica che lavorasse senza nemmeno un accenno di sorriso. Setacciava assorta la farina, che prendeva da due sacchi diversi e miscelava con cura, e allo stesso tempo sorvegliava da lontano il calore del forno, che sapeva misurare dal crepitio dei rami di olivo. In questo era davvero la più brava. Anche Rosalia, che aiutava un po' tutte e non stava ferma un istante, sorvegliava il forno. Puntata dalle pupille attente delle due, la donna che si occupava della famiata per la prima infornata le guardava ansiosa e si annappiava: ora dava una arriminata alla brace con la pala, ora la spostava dai mattoni roventi su quelli meno caldi, ora spruzzava acqua sul fondo del forno per controllare il grado di calore raggiunto dalle pietre e decidere che tipo di legna aggiungere al fuoco.

Nel frattempo, altre donne impastavano a forza di pugni nella grande majdda poggiata su saldi trispiti. L'odore di farina, lievito, acqua e sale era dolce, pastoso, inebriante. Quando l'impasto era ben amalgamato, lo sollevavano tutte insieme, al grido di «jisa, jisa!» – era pesantissimo – e lo rovesciavano su un ripiano di legno quadrato e molto spesso, poggiato su trispiti bassi, lo scanatore. A quel punto, le donne si dividevano in due squadre. Una riprendeva a impastare nella majdda per una seconda infornata. Marastella misurava la farina e la porzione di crescenti; le bambine si tenevano in disparte, ma bastava un cenno perché portassero acqua o altra farina. La seconda squadra si occupava invece della scanata, fondamentale per la consistenza del pane: togliendo l'aria lo rendeva spesso e dunque faceva sì che si conservasse buono a lungo. Le donne scanavano l'impasto premendovi sopra la sbriga, una robusta stanga di legno assicurata a un perno, che sollevavano cantando e poi calavano a forza di braccia: fin quando non ce la facevano più e chiamavano il garzone perché vi salisse sopra, a cavallo o di lato. La stanga, così appesantita, scendeva lenta lenta sullo scanatore lasciando uscire l'aria dall'impasto schiacciato. La scanatura prendeva tempo ed era un vero e proprio esercizio di forza. Dopo la prima scanatura le donne sollevavano la sbriga e spostavano l'impasto avvolgendo lentamente la pasta su se stessa – la vuncitura –, in vista della seconda scanatura. Quattro volte si scanava e quattro volte si vunciva, e a ogni vuncitura Rosalia, velocissima, spruzzava sul legno la giusta quantità di acqua e sale, sia quando le altre lo sollevavano, sia durante la vuncitura stessa, prima che la pasta arrotolata si allargasse sullo scanatore.

4. Chiara e Silvano, 1952.

Poi si passava all'impanata, la panificazione vera e propria. Con una lama tagliente, Rosalia divideva la pasta del pane in grosse porzioni e le distribuiva alle donne addette a modellare i pani: un compito piacevole e poco gravoso, che poteva essere affidato anche alle vecchie e alle ragazzine. Queste si presentavano volenterose, pronte ad affaccendarsi sulle tavole montate su trispiti. Ciascuna, su suggerimento di Rosalia, e fino a quando non riceveva il contrordine, modellava un solo tipo di pane – filoni lunghi quanto un avambraccio, pagnotte grandi quanto un pugno e il classico chìrchiro di Mosè, il pane a ferro di cavallo. Posati su tavole coperte da lenzuola che sapevano di fieno, i pani erano lasciati a riposare sotto coperte di cotonaccio grigio per l'ultima, breve, lievitata. L'attenzione delle più brave si spostava a quel punto verso il forno; entravano in azione quando aveva raggiunto il calore uniforme per la cottura: allora spalavano veloci le braci e spazzavano il fondo di mattoni infuocati – doveva essere pulitissimo, perché lì avrebbero poggiato i pani, che poi infornavano altrettanto velocemente e stando attente a non lasciar fuoriuscire il calore. La brace riempiva la stanza di odore di bruciato, e a me veniva l'acquolina in bocca.

Intanto, le altre continuavano a modellare i pani; a lavoro finito, avevano appena il tempo di bere un sorso d'acqua fresca prima di togliere la prima infornata e mettere dentro la seconda. A volte, per mantenere meglio il calore Rosalia murava lo sportello del forno con acqua e creta: per rimuoverla bastava, al momento opportuno, aprire lo sportello con decisione.

La nisciuta dal forno del primo pane era un momento sacrale. Con il dorso della mano Rosalia si asciugava il sudore dalla fronte, poi, a gambe larghe, la schiena leggermente inarcata all'indietro, dava l'ordine e controllava le donne che con la pala tiravano fuori i pani dal forno, a uno a uno, per poi posarli sulle coperte distese sulle tavole lungo il muro. In silenzio. Rosalia li «provava» premendoli con i pollici per controllarne la cottura; il profumo del pane caldo sbummicava alla minima pressione. La sua approvazione era accompagnata dai sospiri di sollievo delle altre; la tensione si allentava e tra loro si alzava pian piano un lieve chiacchiericcio. Ma Rosalia non vi partecipava, lei sceglieva il pane: quello dalla crosta più dorata e croccante era per noi, poi ne prendeva uno per i suoi figli; il resto andava nella madia, per gli altri. Non ce ne offriva nemmeno un pezzetto dal panino più piccolo sino alla fine della famiata, quando tutto il pane era stato cotto. Solo allora tirava fuori da sotto un tavolo la piccola majdda in cui aveva riposto la pasta per la livatina della settimana seguente.

A seconda del calore residuo nel forno, Rosalia modellava panini che cuoceva direttamente nel forno, senza teglia, e che condiva con olive nere, sarde salate, pezzetti di frittole di maiale appena appena sciolte e pecorino, o scacciate rustiche su cui passava le mani unte d'olio; nei buchi formati con una leggera pressione dei pollici metteva un ciuffetto di rosmarino, un pezzetto di cacio o una punta di sarda salata, oppure semplicemente spolverava la pasta con sale e origano. I bambini della fattoria, da tempo riunitisi sull'uscio del baglio, si facevano avanti appena lei iniziava a sfornarli.

Ma la mia passione era il pane e olio. Rosalia prendeva i pani meno belli, ancora fumanti, e li spezzava; distribuiva quei pezzi di pane caldo porgendoci con l'altra mano la ciotola di olio e sale in cui intingere un boccone di pane alla volta.

Pane caldo e olio – in assoluto il cibo più buono che abbia mai gustato.

# 6
## I primi ospiti: i nonni

Ogni anno, fino a metà giugno Chiara e io non avevamo compagnia a Mosè: i cugini di Palermo andavano ancora a scuola e poi facevano qualche bagno a Mondello. Mentre li aspettavo, riprendevo a poco a poco possesso della campagna. Sotto la guida di Urso, il giardiniere, verificavo la crescita delle piante del giardino creato da papà sulle rovine della cantina distrutta dai bombardamenti, a lato della chiesa. In ciascuna delle cinque aiuole centrali, circondate da un bordo di asparagi, aveva fatto piantare un solo albero; era difficile immaginare quei pini piccini e l'alberello di alloro, alto quanto me, come Urso me li descriveva – grandi e frondosi, generosi di ombra e posto di riposo dei piccioni di cui papà aveva riempito la nuova piccionaia. Urso aveva perfino disegnato e colorato ad acquerello il giardino come sarebbe diventato e mi mostrava il foglio: «Quando sarai una signorinella», diceva, «saranno grandissimi», e poi passava lo sguardo sognante sui suoi alberi.

La casa era circondata dall'oliveto; a occidente, sotto la guardiola, cresceva un pistacchieto di un ettaro. A quei tempi, prima dell'avvento della mietitrebbia, si poteva seminare e mietere anche nell'oliveto, coltivato a grano, orzo o veccia, a rotazione; una piccola parte era tenuta a pascolo per mucche e pecore. Mi piaceva entrare nelle messi, assordata dal frinire delle cicale e dei grilli. Allargando le spighe con le mani, mi facevo strada per raggiungere gli alberi che conoscevo bene, perché era facile arrampicarcisi sopra, o perché avevano un cavo particolarmente adatto come nascondiglio, o soltanto perché erano belli. Giravo attorno agli olivi potati; alcuni avevano ricevuto una pota drastica e, privi dell'abbondanza delle sottili foglioline bicolori – argento e verde scuro –, erano spennacchiati. Sgraziati. I loro tronchi, non più circondati dalla barba rigogliosa di olivastri, erano grigi, nudi e grumosi. Sembravano sofferenti, ma papà mi aveva spiegato che per loro natura avevano un'annata generosa e una scarsa: necessitavano dunque di una pota e ne erano rinvigoriti. In inverno, la squadra di riberesi potava metà dell'oliveto; l'alternanza della potatura ci permetteva di contare su una produzione più o meno uniforme, ogni anno.

Con Giuliana raccoglievamo le piccole margherite con cui si preparava l'infuso di camomilla. Crescevano numerose dalle piante basse e ramificate che spuntavano sul ciglio e nella striscia centrale del viale dei Pali assieme all'acetosella, una pianta dai fiori a imbuto di un giallo così intenso da sembrare smaltato. Il gambo dell'acetosella, masticato e succhiato, produce un succo limonoso pungente e dissetante di cui eravamo ghiotte. Con quello penzoloni dalla bocca come una lunga pipa, raccoglievamo i fiori di camomilla a testa china. «Attente a non calpestare le piantine», ci raccomandava Giuliana. Non era facile evitarle – gli steli fitti e pelosi, ciascuno con una sola margheritina in cima, erano dappertutto –, ma erano resistenti e se le calpestavamo riprendevano subito la posizione eretta. Conservavo nel pugno le margheritine dai petali bianchi, con la corolla gialla e sporgente; quando ne avevo un bel po' aprivo la mano e, compiaciuta, le facevo cadere a cascata nel cesto di Giuliana; lei le spargeva delicatamente sul fondo piatto e largo per evitare che si schiacciassero: «L'essiccamento comincia sin dalla raccolta», ci spiegava tutta seria. Quando sul fondo del cesto si era formato uno strato uniforme di fiori di camomilla tornavamo a casa.

Nell'attesa che arrivassero gli ospiti, si facevano le pulizie in grande. Nei primi anni del dopoguerra le squadre dell'ispettorato agrario avevano disinfestato la fattoria dai parassiti con le pompe del Ddt e sembrava che li avessero sterminati: ma, una volta finite le disinfestazioni, quelli erano ritornati più agguerriti di prima. Bisognava difendersi dalle «bestiacce», come mamma chiamava pidocchi, cimici, zecche, tafani e scarafaggi. Le cimici erano i nemici delle camere da letto: le reti di metallo venivano portate a una a una sulla terrazza di sopra, cosparse di alcol e incendiate per distruggere le uova depositate all'interno delle sbarre e delle maglie di ferro. Nel frattempo, in casa, i materassai svuotavano materassi e cuscini, lavavano la lana e poi la cardavano usando una macchina a pedale con grandi chiodi che la allargavano e la rendevano soffice. Il salotto del secondo piano, che dava sulla stanza da pranzo, fungeva da laboratorio e il pianoforte a coda era usato come tavolo da lavoro per cucire i materassi. I materassai lavoravano in silenzio, pulitissimi: passavano la scopa al primo velo di polvere e cercavano di non disturbarsi a vicenda. Adoperavano aghi lucidi ed enormi: alcuni dritti per cucire i bottoni, secondo uno schema immutato nei secoli, in modo da evitare la formazione di grumi di lana; altri curvi per modellare i bordi a salsiccia che mantengono la forma del materasso. Per rinnovare le fodere vecchie o macchiate, mamma sceglieva tele damascate bianche, beige e oro scuro dalla tessitura a disegno floreale. Con l'aiuto di Giuliana, usavo i ritagli per cucire vestiti alle bambole di Chiara.

I nonni erano i primi a raggiungerci; ogni anno trascorrevano sei mesi nella casa di Palermo, altri quattro con noi – a due riprese, in estate e in inverno – e il resto a Siculiana, paese d'origine della nostra famiglia. Nonna era grassa e faceva le scale con fatica; una volta raggiunto il secondo piano – dove c'era la loro stanza da letto, nella torre chiaramontana, esattamente sopra quella di mamma e papà – vi restava fino al momento di ripartire e dunque noi tutti usavamo il salotto e la terrazza di quel piano come soggiorno. Nonna adorava cucinare – era la miglior cuoca della famiglia e quando c'era lei si mangiava benissimo. A volte i nonni arrivavano con zia Annina, la figlia maggiore, che non si separava mai dal suo canarino. Zia Annina viveva con zia Giuseppina, l'altra sorella di papà, che era maritata; a Mosè rimaneva pochi giorni e di noi non si occupava. Ricamava meravigliosamente e con ago e filo creava sulla tela disegni di uccelli e fiori; riusciva perfino ad abbozzare volti e ali di delicati angioletti senza bisogno di disegnarli.

Mingherlino e sempre in giacca e cravatta, nonno era taciturno e immancabilmente cortese con tutti. A casa passava il tempo camminando con le mani unite dietro la schiena, seguendo un suo percorso che iniziava dal salotto dove le donne ricamavano chiacchierando, continuava nella stanza da pranzo, girava attorno al tavolo e poi lo riportava al punto di partenza. Ogni volta che mi passava accanto, mi sollevava il mento con le dita scarne: uno sguardo, una carezza lieve e riprendeva il cammino. Non appena possibile, se la svignava e andava a passeggiare in campagna, sempre solo. Lo incontravamo per strada – anche noi facevamo le nostre passeggiate – e per un tratto procedevamo insieme, poi lui allungava il passo e ci lasciava indietro, con Giuliana claudicante. Quando incrociava i contadinelli sui muli carichi di quartare, si fermava al loro «Voscenza benadica!» e chiedeva: «Cu sugnu io?». Alla risposta: «Voscenza è 'u baruni granni!» elargiva le caramelle che teneva sempre in tasca per quello scopo. A noi, niente. «Voi ne avete scatoloni, a casa», ci diceva. E aveva ragione.

## 7
## Arrivano zio Peppino, zia Teresa e Silvano

Zio Peppino, zia Teresa e Silvano completavano la formazione degli ospiti permanenti. Arrivavano con Nora, la cameriera – piccina e silenziosa, volto a lenticchia e occhi a virgola con palpebre cinesi –, e Letizia, la bambinaia di Silvano, una veneta dai capelli chiari e dal sorriso pronto che a un certo punto della villeggiatura lasciava Mosè per andare a trascorrere le ferie al suo paese.

I Comitini portavano un ben di Dio di cibo – angurie, caciocavallo, biscotti, cioccolato, dolci – e regali per tutti. Zio Peppino, buona forchetta, era decisamente panciuto; zia Teresa, morbida e rotonda, era diversa da mamma ma altrettanto bella – volto sorridente, grandi occhi scuri, capelli ondulati lucenti e folti. Silvano e io ci guardavamo e ridevamo dalla felicità, tanto eravamo contenti di rivederci. Le nostre mamme avevano esattamente dieci anni di differenza; avevano diviso la stessa camera da letto fino a che mamma, diciannovenne, si era sposata ed erano unitissime. Benché avessero gusti differenti – mamma amava la campagna, le letture e stare in casa, mentre alla zia piaceva la mondanità di Palermo –, erano ambedue laboriose, allegre e buonissime: aiutavano tutti e non parlavano mai male di nessuno. Mamma faceva conservare nella ghiacciaia un sacchetto di minnulicchie apposta per la zia, che le mangiava intingendole, sbucciate, nel caffè bollente. «Elenù, che sei buona, non te le dimentichi mai. Tu pensi sempre a me!» diceva ogni volta zia Teresa, e mamma annuiva, e si guardavano con occhi lucidi.

Silvano dormiva e giocava con noi, ma godeva di maggior libertà. Poteva girare in fattoria con i figli di Rosalia e Luigi senza essere accompagnato dalla bambinaia e faceva altre cose da maschi: andava ad arare con Vincenzo – il quartogenito di Rosalia, un bel ragazzo dai riccioli biondi – sul Massey Ferguson, il primo trattore comprato da papà, seguiva Puma, l'amministratore, nei suoi giri ed era autorizzato ad ascoltare le conversazioni dei contadini. Ciò nonostante, era assiduo compagno dei nostri giochi, sempre gli stessi. Oltre che nei giochi con la palla e da cortile, e nelle avventure in campagna, tutte le estati ci cimentavamo in un progetto ambizioso: la costruzione di un'automobile.

Su disegno di Silvano, e sotto la guida di Paolo e dei contadinelli più grandi, ogni anno ne costruivamo una diversa, a forza di chiodi e martello, e con l'aiuto di lacci, colla, elastici e tutto ciò che trovavamo di riciclabile: cassette di legno, tavole rotte, ruote recuperate da carrozzelle e vecchie carriole – era un lavoro di settimane. Al nostro cortile si accedeva, con una leggera pendenza, dall'androne; ed era da lì che si effettuava il collaudo dell'automobile, pilotata da Silvano;

scendendo avrebbe preso velocità, e poi, sterzando sapientemente, lui l'avrebbe portata fin sotto l'arco della torre, la nostra meta. Il privilegio di salirvi a bordo era riservato a quanti tra noi avevano collaborato al progetto. Spingevamo ansanti l'automobile sul punto più alto e, dopo interminabili e violente dispute per i posti migliori – spintoni, calcetti e perfino pizzichi dai soliti guastafeste –, ci accatastavamo sui sedili, uno sull'altro. Finalmente, con un'ammuttatina, l'automobile cominciava la discesa, sobbalzando. Raggiungere il cortile costituiva già un successo strepitoso; in genere il trabiccolo si inceppava, si inclinava e finivamo tutti a terra, pronti a ritentare nonostante lividi e scurcioni. Ripetevamo il collaudo sulla stradella, dove la pendenza era maggiore. Allora io non soltanto ammuttavo il veicolo, ma poi vi saltavo dentro, accanto al guidatore, perché avevo una funzione importantissima: essendo la più pesante, facevo da freno. All'ordine di Silvano – «Simò, frena!» – tiravo fuori la gamba e puntavo il piede sul pietrisco.

Un'altra delle nostre occupazioni preferite erano le visite all'asinello sardegnolo bianco e nero appartenuto a papà quando era ragazzo; godeva di una comoda vecchiaia senza alcun merito, perché era sempre stato molto pigro. Ciò nonostante, noi lo amavamo intensamente. Ormai decrepito, viveva giorno e notte nella stalla assieme agli scecchi grigi da soma, ai muli, ai cavalli e alle mucche, separate dagli equini per mezzo di un pannello. Muso allungato, orecchie puntute, l'asinello ci sembrava bellissimo nel suo manto a chiazze bian-

5. Scampagnata del Lunedì dell'Angelo, 1948.
Si riconoscono, in prima fila, zia Verena (la bionda), zia Annamaria (con gli occhiali scuri) e zia Mariola (con la camicetta bianca); accanto a loro papà, con Maria e Gaspare in piedi alle sue spalle e io accucciata davanti a lui. Nella seconda fila il primo da sinistra, in piedi, è nonno (con l'immancabile cappello, sciarpa, occhiali e pipa); vicino a lui, mamma, zio Giovanni (sorridente) e zio Peppinello (serio).

che e nere – non badavamo al fatto che erano, rispettivamente, ingiallite e ingrigite. Lo carezzavamo, gli porgevamo manciate di fieno e perfino, di nascosto, le caramelle che tenevamo nelle tasche dei grembiulini. Ogni estate, dopo molte insistenze, papà ci permetteva di montare il calesse che avrebbe dovuto essere tirato dall'asinello bianco e nero, con l'idea di fare una passeggiata fino ai Pali. L'operazione si svolgeva in due fasi. La prima, per niente facile, consisteva nel portare l'asinello in cortile. Silvano e io andavamo a prenderlo nel baglio grande, assieme ai garzoni; restio a lasciare la calda oscurità della stalla, doveva essere incoraggiato a gran voce e spinto con le braccia; perlopiù non si muoveva, nemmeno con le bastonate che i garzoni gli calavano sulla groppa appena noi voltavamo lo sguardo. Quando decideva lui, l'asinello si faceva guidare e raggiungevamo in lento corteo il cortile: qui eravamo accolti dal ciarmulio di Chiara, Gabriella e dei figli più piccoli dei contadini, che nel frattempo avevano assistito alla preparazione del calesse. Questo era conservato sotto un telone, nel magazzino; dopo una bella spolverata e lucidata, era magnifico: legno chiaro con rifiniture di cuoio, borchie di ottone e sedili di marocchino, sembrava uno dei calessi della Marquise dei libri di Bécassine.

La seconda fase consisteva nel bardare l'asinello, che si rifiutava, muto, perfino di lasciarsi toccare. Ai contadini che gli si affaccendavano attorno tirava calci senza degnarli di un solo raglio; a noi invece permetteva di carezzargli collo e groppa. Ricordo ancora i brividi di piacere quando passavo le mani reverenti sulle chiazze sbiadite di quel manto spelacchiato. I contadini, ai quali era proibito usare le maniere forti, tentavano di prenderlo con le buone e gli offrivano ciuffi di biada e un cato d'acqua fresca – solo dopo molte insistenze venivano accettati. Quando infine l'asinello si era lasciato montare i finimenti e il calesse era attaccato, ci sistemavamo sul sedile tra le raccomandazioni delle bambinaie: «State attenti!», «Tieniti al bracciolo!», «Non gesticolare!». Stipati e muti per la troppa emozione, aspettavamo che il garzone scelto come auriga, il più leggero, desse il via. Ma l'asinello bianco e nero non reagiva al comando «amunì». Il garzone allora allentava le briglie; aspettava, le tirava e poi le allentava di nuovo. Niente da fare. Si provava un altro metodo: due uomini spingevano l'asinello dai fianchi. Nessun risultato. Non intendeva muoversi. Incoraggiamenti, voci, urla. Niente, non ci dava conto. Colpi di frusta sulla groppa e sui garretti. Silenzio immobile. Riluttante, Luigi, uomo mite, alzava il bastone. Al primo colpo, Giuliana faceva una smorfia di disgusto; nel frattempo noi urlavamo per proteggere l'asinello bianco e nero, assurto a portabandiera dei deboli. «'Un s'arrimina», diceva Luigi a mo' di spiegazione. E ci guardava. E noi ricambiavamo lo sguardo. Finiva sempre così: mogi mogi, scendevamo dal calesse e l'asinello bianco e nero, vincitore, rimaneva immobile anche dopo che gli avevano staccato il calesse e tolta la bardatura; voleva godersi la nostra sconfitta fino all'ultimo.

Il calesse tirato dall'asinello bianco e nero non varcò mai il portone di Mosè.

In simili casi, per rendere meno cocente la delusione, Giuliana ci dava o ci organizzava una merenda speciale. A volte chiedeva a Vincenzo di abbrustolire le spighe di grano: noi le strofinavamo tra le mani, ancora tiepide, per togliere la pellicola dai chicchi e mangiarli subito, caldi caldi e croccanti. Io aspiravo con voluttà il profumo dolce e pastoso dell'amido bruciato. Altre volte ci offriva mezzo quadratino di cioccolato, o addirittura uno intero, oppure tocchetti di cotognata, oppure ancora la mia bibita preferita in assoluto: l'amarenata, preparata con le amarene sciroppate che zia Teresa, che delle amarene sciroppate era la regina riconosciuta e indiscussa, aveva cotto al sole. Con la grattarola, Giuliana raschiava un pezzo di ghiaccio che veniva conservato nella ghiacciaia appositamente per le bibite e riempiva i bicchieri; poi aggiungeva una dose di sciroppo rosso rubino e mescolava con un cucchiaino d'argento dal manico lungo. Infine, estraeva dalla bornìa poche amarene, le contava – dovevamo averne tutti in numero uguale –, le disponeva in cerchio sul ghiaccio facendo attenzione che non sprofondassero e come tocco finale aggiungeva al centro una fogliolina di menta piperita: l'amarenata era pronta, bellissima e profumata. La prendevamo seduti attorno al tavolo dell'anticucina. Con il cucchiaino pescavamo dal fondo le amarene polpose, rosso scuro, gelide.

# 8
## Le spedizioni nei tetti morti

La nostra camera da letto, accanto a quella di Giuliana, aveva due brande e un letto a castello costruito con tubi di ferro laccati di verde militare, eredità degli americani – in tutto quattro posti, per me, Chiara, Silvano e Gabriella. Alla bisogna venivano aggiunte altre reti. Maria e Gaspare invece di solito dormivano nella stanza accanto a quella dei loro genitori. Ospitavamo in camera nostra solo i cugini e dormivamo insieme, maschi e femmine: gli altri bambini ospiti dormivano vicino ai propri genitori. I nuovi venuti si adeguavano subito ai nostri giochi e ai nostri ritmi, come se fosse la casa stessa a dettare tempi e modi, quasi ci tenesse tutti sotto un incantesimo.

Fare il pane era una delle nostre ossessioni e il nostro principale divertimento giornaliero. Presi dalla voglia di emulare Rosalia, costruimmo diversi forni con mattoni, legnetti e l'argilla di una vena scoperta per caso dietro un muricciolo del giardino: erano corredati di ciminiera e sportello di ferro, ottenuti appiattendo e forando le lattine di salsa di pomodoro e di acciughe, e siccome avevamo stabilito che il nostro forno *doveva* anche essere bello e decorato a dovere, partendo dalla confusa nozione che i templi di Agrigento originariamente erano stati intonacati in rosso, giallo, verde, bianco e blu, decidemmo di fare altrettanto.

A Mosè, oltre al tufo giallo c'erano pietre di diversi colori e pezzi di mattoni e tegole che andavano dal rosso al grigio. Andavamo a cercarli nei campi, li pestavamo e usavamo la polvere così ottenuta per decorare l'esterno del forno. Non ho alcun ricordo di un sia pur minimo successo del nostro progetto – destinato, come l'automobile e le passeggiate in calesse, al fallimento –, anche se più di una volta vi accendemmo dei fuscelli avviando un focherello di malo carattere. Soltanto in un'occasione riuscimmo a infornare – ma non, ahimè, a cuocere – il nostro pane. Dopo qualche anno desistemmo dall'ambizioso piano di creare un panificio indipendente, ma non dalla preparazione dei pigmenti colorati. Li usavamo per colorare le tazzine di argilla che modellavamo e come cibo per le bambole di Chiara e Gabriella, a fine mattinata. Quelli inutilizzati li conservavamo in barattoli e lattine.

Papà cercò di interessarci al giardinaggio: ci affidò i quattro giardinetti lungo la stradella che scendeva a valle sotto il muro del cortile. Erano dei quadrati identici collegati da ripidi scalini, ciascuno con un giovane olmo nel mezzo. Maria, Gaspare e io – i grandi – ci accaparrammo i primi tre, mentre Silvano, Gabriella e Chiara dovettero accontentarsi di condividere il quarto. Su questa spartizione iniqua ci furono dispute e continue rimostranze da parte degli sconfitti, ma il tutto finì miseramente: i giardinetti rimasero squallidi e privi di piante.

Dopo pranzo tutti riposavano nelle loro stanze – incluse le persone di servizio, che dormivano nei sottotetti in una delle torrette, e tranne papà, che si stendeva su una sedia a sdraio nel salotto di giù a leggere il «Giornale di Sicilia»; a volte si assopiva, ma se ci sentiva passare apriva gli occhi. Giuliana si ritirava in camera sua dopo essersi assicurata che fossimo tutti sui nostri letti; Chiara e Gabriella continuavano a giocare con le bambole di cartone, ignorando gli altri, mentre Silvano e io, pronti per le nostre scorribande segrete, aspettavamo solo di sentir russare Giuliana per alzarci piano piano e scappare via, finalmente padroni della casa addormentata. La cucina era vuota e pulita, le imposte socchiuse, il pavimento ancora umido. Nella penombra, senza far rumore – 'nsamadio una cameriera fosse andata nell'anticucina per stirarsi le sue cose –, spostavamo una sedia accanto alla credenza in cui riposavano, sugli scaffali alti e ben aerati, le forme della cotognata messa ad asciugare per l'inverno. La cotognata è il corrispettivo siciliano della marmellata; la polpa di mele cotogne, cotta a lungo con zucchero e uno spruzzo di succo di limone, viene versata nelle tradizionali formette di terracotta smaltata – pesci, frutta, il Bambino Gesù, il cavaliere, il castello – e a contatto con l'aria forma una crosta dura e zuccherosa che mantiene morbido l'interno. Noi sceglievamo con cura la forma meno in vista e, usando le dita come cucchiaio, portavamo via uno strato sottile di cotognata o scavavamo un angolo: poi la nascondevamo sotto le altre. Quindi aprivamo il cassetto del pane e ce ne prendevamo dei pezzi per accompagnare quel poco di cotognata sottratta non per fame ma per gola, e per il gusto del proibito.

Attraverso una porticina in cima alla scala di servizio, sul pianerottolo che dava sulla lavanderia, Silvano e io ci avventuravamo nei tetti morti sopra la camera da pranzo, risparmiati dal bombardamento; ci spostavamo sempre strisciando o piegati in due e a passetti incerti, ma non sapevamo fino a che punto fosse pericoloso: le tavole sulle quali camminavamo erano posate sulle travi del soffitto, fatto di gesso e canne, e se avessimo messo un piede fuori posto saremmo sprofondati di sotto. Ma com'è noto Dio aiuta scecchi e picciriddi, e non ci capitò mai nulla.

In quei tetti morti c'era di tutto: mobili senza piedi, cassetti abbandonati, lampade inservibili, vasi rotti, scatoloni di cartone mezzi aperti che lasciavano intravedere stoffe polverose, posate e altre scatole, vecchie spazzole, cappelli di paglia sfondati e sbarre di ferro dalla destinazione misteriosa. Una volta trovammo dei vasi di porcellana bianca con due manici, intatti. Erano molto belli e, sotto la patina di sporco, lucidissimi. Decidemmo di portarli giù alle nostre mamme, sicuri che, grate del ritrovamento di quelle opere d'arte, non ci avrebbero rimproverato. Fu una fatica trasportarli fino alla porticina, farli uscire senza scalfirli e portarli nella lavanderia. Lì, poggiata a terra, c'era una pila di legno con l'interno zincato piena di roba a mollo nella liscivia, in attesa di essere stricata. Vi immergemmo un vaso per volta e li lavammo tutti per bene, insozzando l'acqua e quel che c'era dentro; poi li portammo giù per le scale e li nascondemmo nell'ultima stanza, quella al primo piano vicino alla camera di zio Peppino e zia Teresa. E tornammo a letto, in attesa che le nostre mamme si svegliassero. La scoperta dei vasi bianchi suscitò risate e rimproveri: erano canteri!

## 9
## Le infrazioni di zia Teresa e mamma,
## insieme a Paolo

Sin da ragazza, zia Teresa aveva la passione di fare dolci; li preparava nell'enorme cucina della casa di Agrigento, nel primo pomeriggio, con il solo aiuto di mamma bambina. A Mosè le sorelle Giudice approfittavano delle ore tranquille dopo pranzo per rinnovare quel rito della loro giovinezza, proprio come a volte noi bambini ne approfittavamo per fare le cose che ci piacevano di più; cucinando, mamma e zia Teresa ricordavano i tempi passati, e soprattutto ricordavano nonna Maria, l'adorata madre alla cui morte, avvenuta quando Silvano e io eravamo lattanti, non si erano mai rassegnate.

Verso le tre e mezzo, sentivo i loro passetti per la scala; sgusciavo dal letto, senza disturbare il chiacchierio sommesso degli altri, per raggiungerle. Le seguivo da lontano, non vista, e mi fermavo nell'anticucina. Le spiavo da dietro la porta socchiusa e poi, al momento opportuno, bussavo. In genere mi permettevano di rimanere con loro, ma non sempre: quando preparavano i dolci fritti – panzerotti, sfingi e cenci – avevano paura degli schizzi d'olio bollente e mi mandavano via. La ¬ucina era fresca e silenziosa – le cameriere riposavano, e così anche nonna, che di solito monopolizzava forno e fornelli – e zia Teresa e mamma si davano da fare, finalmente padrone. Avevano già deciso cosa preparare e controllavano la ricetta sul libretto riempito con la grafia nitida di nonna Maria; la scelta era limitata ai biscotti e ai dolci da pomeriggio, per non urtare la suscettibilità di nonna che aveva il controllo assoluto su quello che veniva portato a tavola. Poi indossavano i grembiuli – ne venivano tenuti da parte due per il loro uso esclusivo, identici a quelli di Caterina ma privi delle macchie di unto e di grasso che chiazzavano i suoi anche quando erano freschi di bucato – e si mettevano a lavorare di lena, mai in silenzio: cicalavano come scolarette, mantenendo i vezzi e le maniere d'altri tempi diventati parte della loro natura.

Cominciavano allineando sul tavolo gli ingredienti e pesandoli. Gli ingredienti dei dolci erano conservati rigorosamente a parte, in cucina come nel riposto; qui stavano su un unico scaffale che, a differenza degli altri, protetti da semplici fogli di giornale, era foderato di carta lucida a fiorellini: pacchi di zucchero, sacchetti di farina di Mosè, grossa e fine, e sacchetti di farina doppio zero comprata apposta per certe ricette, pacchetti di semola e di fecola di patate, scatole di latta contenenti bicarbonato, cremore di tartaro, lievito in polvere e bastoncini di cannella, burnìe di chiodi di garofano e zucchero vanigliato, e liquori – alchermes, rum, cognac, marsala, vino cotto per mustazzoli. La stessa rigida separazione vigeva per gli utensili: uno dei cassetti grandissimi e profondi della credenza, quelli divisi in quattro scomparti, conteneva spianatoie di legno – da quelle piccine per spezzettare il cioccolato a quelle grandi per le sfoglie –, mezzelune, mattarelli, tagliapaste di varie forme e dimensioni, formette per biscotti di ogni tipo legate con un cordino, come se fossero una decorazione natalizia, e una quantità di cucchiai e mestoli di legno. C'erano poi una miriade di stampi di ferro da flan, da babà, da cake, da budino, forme per ciambelle – utili anche per le gelatine –, forme per cassate e cassatine, teglie da biscotti, placche da forno, canne per friggere i cannoli, pennellini e pennelloni per passare l'uovo e la chiara battuta sui dolci e per decorare la velata. E una vecchia siringa da pasticciere, che non fu mai usata. La bilancia era antica, ma perfettamente funzionante: dal ripiano di marmo che copriva la cassa uscivano le croci di ferro che reggevano i due piatti d'ottone, uno rotondo e l'altro rettangolare con soltanto due angoli, per pesare gli spaghetti. Sul davanti c'era un indicatore coperto da un vetrino: quando le due linguette di ciascun piatto erano parallele, era stato raggiunto il peso desiderato. I pesi d'ottone, da cinque grammi a un chilo, erano incastrati in un blocco di legno a forma di parallelepipedo.

Zia Teresa e mamma preparavano biscotti, pasticciotti con crema o amarena, panzerotti ripieni di crema di ricotta e cioccolato, spruzzati di zucchero a velo, e crostate. Ma soprattutto c'era l'«utilissimo pandispagna», come lo chiamava mamma, forse il dolce preparato più di frequente, e senza dubbio il più duttile. Lo prende-

6. Insieme a Ciccio e Maria Vella, Maria e Gaspare sul viale dei Pali, 1947.

vamo a fette per la prima colazione, serviva da dolce per il pomeriggio e, imbevuto di alchermes e farcito di crema pasticciera e pere cotte, si usava per la zuppa inglese – secondo una variante «estiva» introdotta dalla mia bisnonna, figlia di una signora inglese. «Inoltre», spiegava mamma, «Paolo ne è golosissimo.»

Paolo era il suo aiutante segreto. Non c'era volta che lui non spuntasse in cucina, quando mamma e zia Teresa erano lì senza la nonna. Avrei voluto chiedergli come faceva a indovinarlo, ma non osavo, per non imbarazzarlo; immaginavo che fosse guidato da un olfatto potentissimo, e da un'altrettanto potente golosità. Discreto, Paolo parlava poco di sé: sapevo che era un palermitano della Zisa, dove abitavano moglie e figlie, ma da quando papà aveva quattro anni viveva per la maggior parte del tempo con la famiglia Agnello, dovunque lo portassero nonno o papà. Non ne pareva scontento. Sembrava avere un solo vizio, il fumo, ma in realtà ne aveva un altro, dissimulato con la scusa di acciacchi e di un non meglio specificato «chiffari p'u baruneddu» che lui faceva passare per segreti galanti: era pigrissimo. A papà piaceva guidare e lui, avendo poco da fare, cercava di tenersi occupato faticando il meno possibile – per esempio, lucidando le maniglie delle porte. Aveva escogitato un sistema che gli permetteva di lavorare seduto e al fresco: si posizionava su uno sgabello con l'anta tra le ginocchia, in corrente; poi passava strisce di vecchie coperte attorno alle due maniglie, stringeva le due estremità nei pugni e le faceva scorrere su e giù come se mungesse, lento lento, la sigaretta all'angolo della bocca. Fumare gli piaceva assai, e per questo mi chiedeva di raccogliere i mozziconi dai portacenere prima che le cameriere li svuotassero. Io me li infilavo nella tasca del grembiulino e glieli passavo come si fa con la droga, da mano a mano, senza dire niente. Lui, seduto su uno scalino, raccoglieva il tabacco rimasto e lo sfioccava ripassandolo tra le dita, poi tirava fuori una cartina, vi formava sopra una striscia di tabacco, la arrotolava e la chiudeva con una leccata. La sigaretta la conservava sull'orecchio, come una matita, pronta per la fumata di dopo pranzo.

Chiara era la sua preferita: le sue ciglia lunghissime e i suoi lineamenti gli ricordavano papà bambino. Quando Chiara si ammalò di linfatismo, una malattia che si temeva potesse essere mortale, e si ritrovò confinata a letto, lui, proprio come aveva fatto tanti anni prima con papà quando gli era venuta l'osteomielite, le teneva compagnia: oltre a giocare a scopa, le insegnava giochi «da masculi» con le carte napoletane – briscola, zecchinetta e tressette. Mamma e Giuliana chiudevano un occhio perché Chiara così si distraeva. Devoto a mamma, che chiamava affettuosamente «signuri'» – da «Vostra Signoria» – anziché usare il formale «signora baronessa» degli altri impiegati, Paolo indossava senza alcun imbarazzo il grembiule di Caterina e batteva i tuorli, montava le chiare e tritava i pistacchi che decoravano la zuppa inglese assieme alle amarene ben sgocciolate. Anziano ma ancora visibilmente masculo, sarebbe potuto sembrare ridicolo con il grembiule a quadretti celesti annodato sulla schiena, il mestolo in mano e la ciotola tra le ginocchia, ma non lo era per niente. Dal suo volto traspariva un piacere così intenso da cancellare qualsiasi impressione che non fosse la reverenza per l'arte della pasticceria – le narici pelose fremevano, mentre inalavano l'odore denso dei tuorli battuti con lo zucchero, e il torace si alzava e si abbassava lento.

Quando preparavano i dolci insieme, mamma era felice di tributare rispetto alla sorella maggiore, più esperta e sicura, e ne cercava l'approvazione a ogni stadio: «Teresù, le chiare ti sembrano montate abbastanza?», «Basta, tanto di zucchero?», «Mettiamo la pasta frolla a riposare?». La zia rispondeva con suggerimenti rassicuranti: «Va benissimo, magari un pizzico in più di cannella», «Dacci un'altra impastata, se vuoi, Elenù», «Facciamo altri due minuti di cottura». Lavoratrici ordinatissime, non facevano cadere un granello di farina per terra, ma erano decisamente stravaganti nella quantità di ciotole, posate e piattini che utilizzavano anche per la ricetta più semplice. Ogni ingrediente – pesato o a pezzo, non importava –, doveva avere una ciotola o un piatto tutto per sé. Anche se la ricetta prevedeva che gli ingredienti fossero mescolati insieme sin dall'inizio, c'era il piatto con la sugna, quello con lo zucchero, quello per le uova sane e quello per i gusci rotti, c'erano la ciotola per la farina, quella per la fecola e quella per la buccia di limone, con la minuscola, apposita grattugia. Lavoravano come se, invece che in cucina, fossero in salotto a fare visite: «Dopo di te, Teresù», «No, prima tu», «Grazie», «Prego», «Per favore», «Scusa se ti ho spinto, Elenù», «Ma non mi hai spinto, Teresù», «Brava!», «Di che? Era facile».

Quando avevano finito rassettavano e accatastavano ciotole, piatti e utensili sporchi nei lavelli. Passavano la pezza sui ripiani di marmo e abbassavano il coperchio sui fornelli della cucina moderna. Poi, leggere com'erano venute, se ne andavano ticchettando nelle loro scarpette Chanel – non ricordo di averle mai viste in sandali – e si chiudevano accuratamente la porta alle spalle. Le cameriere, dopo il riposino, trovavano sul tavolo le crostate coperte da un velo di tulle e i biscotti lasciati a raffreddare: come se fossero venuti dei folletti.

Verso le cinque mamma e zia Teresa, vestito da pomeriggio e filo di perle «buone» al collo, salivano in terrazza come se nulla fosse. I loro dolci erano sul tavolo insieme alla spremuta di uva e al tè freddo. Nonna le squadrava con aria di rimprovero – non gradiva incursioni nel suo regno –, ma non diceva niente.

## 10
## Giochi di gruppo: merende, scavi e bersaglieri

Anche noi ci cambiavamo nel pomeriggio, ma non per indossare abiti più eleganti: ci infilavamo pantaloni, calze e scarpe, per andare nei campi. Quando ci veniva offerta una fetta di crostata o di pandispagna, o qualche dolce rimasto, facevamo merenda in casa; altrimenti ce la portavamo nel cestino, per mangiarla seduti su un muretto o sotto un albero. Pasto leggero ma importante, l'unico in cui avessimo diritto di scelta, la nostra merenda era semplice e consisteva di pane con due diversi tipi di companatico: quello di casa e quello dell'orto. Se non volevamo i tradizionali pane e olio, pane e zucchero, pane e burro, pane burro e sale, pane bagnato e imbevuto di limone, pane burro e zucchero, pane burro e miele, pane e acciuga, pane e cotognata, il pane della merenda potevamo infatti conzarcelo nell'orto: ciascuno di noi si portava un coppitello di sale preparato da Caterina in cui intingere la punta di un cetriolo, un pomodoro o un peperone raccolto direttamente dalla pianta e poi lo mordicchiava accompagnato dal pane.

Nei campi, Giuliana avrebbe preferito farci seguire sempre il percorso circolare creato per il trattore: partiva dal viale dei Pali, di fronte a casa, seguiva la vecchia trazzera, procedeva su una pista di terra battuta attraverso l'oliveto, costeggiava il vigneto a tettoia e alla fine si ricongiungeva alla stradella che saliva sulla collina verso casa. Ma a noi piaceva attraversare l'oliveto e il seminativo – lungo viottoli invisibili a un occhio inesperto, ma non al nostro –, dove Giuliana, nonostante conoscesse Mosè quanto noi, si perdeva sempre. Tornavamo carichi di bacche e frutti che ci incuriosivano per forme e colori, raccolti da rovi e arbusti, e di roba raccattata da terra – cartucce vuote, pezzi di legno e di bardature, ossi di animali selvatici, gusci di lumache e perfino pelli di bisce, al tempo della muta –, oltre alle immancabili pietre da pestare sugli scalini della chiesa. Al ritorno, in attesa di essere chiamati per cena, ci divertivamo con i giochi di gruppo, a cui partecipavano anche i figli maschi dei contadini: tivitti, nascondino, signora ne vuole piselli, telefono senza fili, voglio voglio la cucuzza numero…, quattro cantoni, libero io liberi tutti. Al contrario di me, Chiara, Gabriella e Mela erano abilissime nei giochi con la palla: la lanciavano contro il muro e, prima di riprenderla, facevano una serie di movimenti cantando: «muovere», «senza muovere», «batti mano», «con un piede», «con una mano». C'erano giochi da femmine, quelli con la corda e quello antico con il cerchio e la bacchetta di legno di mamma bambina, e giochi almeno in teoria prettamente maschili, come il calcio, che però a Mosè venivano giocati tutti insieme.

Certe passeggiate erano vere e proprie spedizioni di archeologia, bellica e no, e di botanica. Appassionati aspiranti archeologi, eravamo fermamente convinti che sotto Mosè ci fossero antichità che aspettavano solo di essere scoperte da noi. Partivamo dalla fattoria ben attrezzati per lo scavo: Chiara e Silvano formavano una squadra; Gabriella spesso preferiva rimanere a casa. Spingevamo a turno la carriola dipinta di rosso e di verde, in spalla gli arnesi – picconi, pale e rastrelli – e le coffe per trasportare i reperti. Giuliana portava i cestini della merenda. Abitata da tremila anni, Mosè vantava leggende e misteri in abbondanza. I contadini raccontavano storie recenti dei tempi di guerra – le postazioni erano una fonte inesauribile di aneddoti del periodo dell'occupazione dell'esercito italiano e poi di quello americano – e antichi ritrovamenti di urne greche, casse e sacchi di monete d'oro sepolti nei campi e nei tronchi cavi degli olivi. C'erano state perfino apparizioni di santi, oltre a quella della Vergine nel podere di Zuccu Santu. Noi eravamo interessati soltanto a scoprire eventuali tesori e setacciavamo il terreno alla ricerca di monete d'oro. Trovammo in realtà molti cocci di vasi greci e vetri fenici – mai un vaso o un lacrimatoio intero –, che per rispetto non pestavamo sui gradini della chiesa.

Nonostante fossi di poco maggiore di Silvano, ero fisicamente più grande di lui e sgobbona, dunque anche saccente. Avevo un'immaginazione sbrigliata e leggevo molto; la sera, in pigiama, prima di andare a dormire ci riunivamo tutti davanti alla finestra della nostra stanza e raccontavo storie di avventure talmente vivide e orripilanti – di un mago che viveva nel cavo

# Casalini libri s.p.a.

Via Benedetto da Maiano, 3
50014 Fiesole (FI) - Italia
Tel. (++39-55) 5018.1
gen@casalini.it

Fax (++39-55) 5018.201 - N. Id. C.E.E. e Part. I.V.A IT03106600483 - Cap. Soc. € 619.752
C.C.P. 11178522 - Reg. Trib. Firenze 32660 - Pos. Mec. FI043112 - C.C.I.A.A. Firenze 309587

Date
Data

Agnello Hornby, Simonetta, 1945-
Un filo d'olio / con 28 ricette di Chiara
Agnello. - 266 p. : ill. ; 17 cm. - (La
memoria ; 852). - Palermo : Sellerio, 2011.

| ISBN / ISSN | PRICE / PREZZO | DEWEY | LC | SUBJECT / MATERIA |
|---|---|---|---|---|
| | | 853 | PQ | Ital. ... Lits/3 |
| 9788838925498 | 14.00 | | | 5016095 |

CARD No. / N. SCHEDA — CUSTOMER / CLIENTE — YOUR REF.: / VS. RIF.:

1100469X   NJ20A0A        22.08.11

7. Io, 1950.

di un albero di pistacchi, di streghe nefande e di personaggi metà biblici e metà mitologici – che finivo per spaventarmi pure io. Poi, come loro, non riuscivo ad addormentarmi, e ricevevo i rimproveri di Giuliana. Mi ero anche appropriata del ruolo di direttrice degli scavi e con i reperti archeologici facevo sempre la parte del leone. Una volta, scavando a Mastru Iacintu, a nord della casa, riesumammo lo scheletro di un cavallo: decisi che era quello del cavallo di Achille e che, trattandosi dunque di un reperto, mi apparteneva. Le ossa erano pesanti e le trasportammo a casa in varie riprese; dopo averle ben lavate nel garage, persuasi i più piccoli che i denti erano i pezzi di maggior valore e li vendetti a Silvano e a Chiara, assieme ad alcuni cocci greci, per tutti i loro risparmi – non mi hanno ancora perdonato. I grandi, tranne nonna, vennero a turno nel garage, dove lo scheletro fu esposto in mostra permanente per l'intera estate. Ci rimasi malissimo quando Luigi, dopo averlo esaminato con cura, lo identificò come quello di un mulo dei bersaglieri caduto sotto il fuoco degli americani. Ma durò poco: dichiarai che Filippo – così intanto lo avevamo chiamato – era un caduto di guerra e dunque un eroe del mondo equino. Poi, il teschio fu appeso nella mia camera da letto di Palermo e mi seguì dovunque, di trasloco in trasloco, fino a quando non nacque il mio primo figlio e mamma suggerì con tatto che forse sarebbe stato meglio metterlo altrove, lontano dal nutrico.

Negli anni settanta papà fece sradicare degli olivi secolari a Garaggioli, accanto a Mastru Iacintu, per fare uno scavo profondo e impiantare un pescheto. I macchinisti si lamentavano perché il terreno era molto pietroso. In effetti le scavatrici stavano scoperchiando le tombe di una necropoli greca del IV secolo, con tanto di sarcofagi in marmo, suppellettili e urne cinerarie. I reperti sono ora in mostra al Museo archeologico di Agrigento.

Le nostre avventure si concentravano perlopiù nell'oliveto, dove la trazzera si tramutava in una pista che attraversava una conca larga e suggestiva. Lì crescevano gli alberi più antichi di Mosè, maestosi olivi saraceni diversi uno dall'altro e appartenenti a tre antiche varietà: Biancolilla, Ogliare e Giarraffa. Alcuni avevano la chioma spampazzata ed enormi tronchi contorti – come sacchi ruvidi lavati, attorcigliati e lasciati ad asciugare al sole – che si curvavano sul terreno e sembravano lì lì per cadere. La corteccia era secca, e in parte sollevata: sotto le squame brulicavano larve bianche, cieche. L'olivo sembrava morto, ma non lo era: quella era la pelle rugosa di un albero che non voleva morire, come dimostrato dai getti di olivastro che spuntavano in mezzo alle radici esterne. Ci arrampicavamo su quegli alberi e ci calavamo nella cavità interna, buia come un tunnel della miniera. Altri olivi, martoriati da nodi e bubboni, erano attorcigliati su se stessi; altri ancora si dividevano alla base in tre tronchi, ciascuno in una direzione differente, come slanciate Proserpine a braccia protese verso il cielo e trasformate in albero.

Seduti sulla coperta stesa ai piedi di uno di quegli olivi, le spalle appoggiate al tronco, ci godevamo la vista, i suoni e i profumi della campagna arsa: il colore cangiante delle foglie, verde argento, il frinire delle cicale, il cinguettio degli uccelli nascosti nella chioma degli alberi e l'odore dell'erba calpestata che sembrava secca ma non lo era. Poi mangiavamo. Io sceglievo sempre le merende più saporite, come pane e acciughe – un velo di polpa di acciuga schiacciata tra due fette di pane stagionato su cui era stato spremuto mezzo limone –, poco adatte alla calura: facevano venire una gran sete. Giuliana se ne accorgeva e tirava fuori dalla sacca susine dolci, fichi verdi e perine profumate che rinfrescavano il palato. Ogni tanto portava una tavoletta di cioccolato amaro, da dividere tra tutti: conservavamo con cura la stagnola per poi avvolgerla in un nuovo strato sulla palla di stagno che preparavamo ogni estate e che poi veniva riciclata per beneficenza.

Dopo la merenda ci sdraiavamo per il riposino d'obbligo. Io guardavo il cielo luminoso attraverso i rami di olivo. Completamente felice.

# 11
## I pretini

I nostri rapporti con il mondo esterno erano scarsi e limitati quasi soltanto alle passeggiate al Villaggio Mosè. Passeggiate che avevano un'unica meta: il bar. Don Giovannino, il proprietario, lo aveva ricavato nel pianterreno della sua abitazione, sul fronte della statale 115; era dotato di un telefono che serviva l'intera comunità, noi inclusi, e di una macchina per il gelato alimentata da un motorino. La vocazione di gelataio don Giovannino l'aveva scoperta tardivamente e offriva ai clienti due soli gusti: limone e cioccolato. Preparava il gelato di cioccolato, di cui eravamo ghiotti, mescolando l'apposita «polverina», nel pozzetto, con il latte bollito e poi seguiva ligio e paziente la ricetta che gli era stata passata da un gelataio più esperto. Il liquido diventava gelato sotto i nostri occhi golosi e noi lo gustavamo estatici, come se fosse il migliore del mondo.

In verità non lo era. A quindici chilometri dal Villaggio Mosè, sul corso di Porto Empedocle – un paese marinaro che piaceva moltissimo a papà –, c'era Castiglione, un bar pasticceria famoso in tutta la provincia e dintorni per i suoi gelati e pezzi duri in cinque gusti: cioccolato, nocciola, torrone, caffè e pistacchio. Ci andavo con papà, per comprare i pezzi duri nei loro contenitori di metallo a forma di mezzo uovo, che poi avremmo riportato vuoti. Il gelato, molto denso, era a base di latte e al centro della forma c'era una grossa noce di panna montata, zuccherata e aromatizzata alla cannella. Bastavano i colori a far venire l'acquolina in bocca: quello del cioccolato era scurissimo, quasi nero, e lucido; quello della nocciola, un marrone pastoso; quello del torrone, beige chiaro con miriadi di puntini di mandorla tritata; quello del caffè, un misto tra il marroncino e il beige; e infine il verde delicato e invitante del pistacchio, con sopra una spruzzata di pistacchi tritati – il mio preferito. Se papà guidava veloce e se il passaggio a livello era aperto, i pezzi duri sarebbero giunti a Mosè pronti per essere mangiati, con la panna appena appena ammorbidita.

Gli altri bambini e i grandi ci aspettavano sulla terrazza. Non appena ci avvistavano sulla stradella, Nora e Filomena, che adoravano il gelato, tiravano fuori l'occorrente: piattini con il centrino di carta, cucchiaini a becco d'anatra, bicchieri d'acqua, tovaglioli. A zia Teresa piaceva tagliare le forme del gelato con un coltello a lama larga e liscia che immergeva in un bicchiere d'acqua calda, per fare prima e meglio. Ognuno di noi aveva il suo gusto preferito, ma al momento di scegliere non bisticciavamo mai: prendevamo un assaggio, più o meno grande, da quelli degli altri. Ogni fetta mi sembrava una barca dei tempi antichi, con la prua che si innalzava sul piattino e la poppa piatta, a triangolo, con il bianco della panna visibile.

Al mare non si andava quasi mai, nonostante fosse vicino. Papà, che pure aveva posseduto una barca a motore e un motoscafo con il quale aveva perfino circumnavigato l'isola, non sapeva nuotare e andare al mare non gli piaceva. «Se l'uomo fosse nato per nuotare avrebbe avuto branchie e pinne», era solito dire, e ignorava le mie richieste di fare almeno una passeggiata a San Leone e a Punta Grande, dove c'erano gli stabilimenti balneari. Allora dovevamo ingegnarci. Con il pretesto di andare a trovare Peppuccio, figlio di un cugino di papà che aveva una campagna sul mare chiamata Cannatello – in linea d'aria di fronte a Mosè –, partivamo a bordo della jeep guidata da Paolo. Una volta arrivati, Silvano e Peppuccio facevano giri in macchina lungo le piste del vigneto, mentre Paolo accompagnava noi bambine in spiaggia.

Era nascosta alla nostra vista dalle dune, una successione di grandi banchi di sabbia come onde di un mare asciutto e tormentato dai venti. Vi cresceva, protetta dalle acacie e dagli arbusti bruciati dalla salsedine, una straordinaria flora profumata: gigli selvatici, fiorellini simili ai narcisi e piante spinose con fiori piccini ma dall'aroma potente. Sulle dune non c'era anima viva, neanche un cane, neanche una capra avventurosa. Era territorio vergine; e sporco, ma di uno sporco tutto naturale che nulla aveva a che vedere con il torbido sporco umano: non un sacchetto di carta o di plastica, non una bottiglia di vetro, non uno straccio. Sulla sabbia dorata, finissima e coperta da rami volati via dalle dune e da quanto era stato portato dal mare – alghe secche o moribonde, conchiglie vuote, rottami di barche affondate –, scorrazzavano, padroni incontrastati, velocissimi scarafaggi. Noi ci toglievamo subito i sandali e correvamo, saltavamo, ci buttavamo sulla sabbia. Ci avventuravamo fino alle ginocchia nell'acqua, pulitissima e trasparente, con i pesciolini che ci nuotavano intorno alle caviglie; bastava grattare il fondo del mare per prendere una manciata di patelle, che poi mangiavamo aprendo le valve e succhiando il mollusco. Faceva caldo. Morivo dal desiderio di entrare nel mare, ma ci era proibito; immergevo le mani e mi leccavo la salsedine, dito per dito, lo sguardo fisso sulle onde.

Ogni tanto andavamo a Siculiana a fare visita ai parenti Agnello. Mi sentivo di casa nel grande androne del palazzo sul quale si aprivano tante porte con sopra la scritta AMMINISTRAZIONE. Dalla porta in fondo si entrava nell'appartamento che era stato del mio bisnonno e che ora apparteneva al suo ultimo nato, il dodicesimo. Alla destra di quella porta e dirimpetto alle scale c'era la portineria, preceduta dalla sala delle guardie. Nonna raccontava che il mio bisnonno aveva mantenuto una guardia armata fino alla Prima guerra mondiale, e che lei si era sentita intimidita quando, dopo le nozze, la sua carrozza era stata scortata a Siculiana dalle nostre guardie, armate e nelle uniformi di gala.

Tempi passati, pensavo non senza sollievo. Tempi passati di cui rimanevano però i letti di pietra lungo le pareti della sala per il riposo notturno delle guardie.

Raramente andavamo in gita nelle case di villeggiatura dei parenti, in genere erano loro a venire da noi. E non soltanto loro. Ogni estate, gli allievi del seminario di Agrigento facevano una scampagnata a Mosè. Papà, che non amava i preti, ne era scontento, ma non c'era che fare: mamma ci teneva assai, e per di più da quando alla fine dell'Ottocento il seminario, espropriato alla Chiesa dalle leggi eversive dell'Italia unita, era stato riaperto, quella scampagnata era diventata una tradizione. «Quei poveri ragazzi sono sempre rinchiusi in seminario: è giusto che una volta l'anno vengano a Mosè», spiegava mamma quando noi ci lamentavamo del fatto che, mentre c'erano loro, saremmo rimasti chiusi in casa per non essere visti – i sacerdoti non avrebbero gradito altrimenti. Per ripicca e per curiosità, durante quelle visite passavo tutto il tempo a guardare i pretini, come li chiamavamo noi, girando da una finestra all'altra, sempre dietro le persiane.

Arrivavano in pulmini traballanti. Si guardavano intorno, confusi dalla vastità della campagna, come se ne avessero paura. Erano tanti e di tutte le età, dai più piccini agli adolescenti quasi uomini – volti pallidi, tonache nere con l'apertura sul davanti profilata di rosso e bottoncini anch'essi rossi. Ogni classe seguiva il proprio sacerdote-maestro. Da un'altura Luigi, in groppa a Stella, li sorvegliava silenzioso, attento a non perderli mai d'occhio. I pretini erano interessati a tutto: osservavano le minuscole olive appena formate, facevano capannello attorno alle tane delle lepri e a turno vi passavano davanti genuflettendosi per ficcarvi dentro la testa, toccavano le azzeruole acerbe. Ma non scaminavano e riprendevano il cammino dietro il capofila. Obbedivano ligi agli ordini: «movìtivi», «amuninni», «taliate». Dal mio palco dietro le persiane sembravano formiche. All'improvviso, la prima insubordinazione: un pretino rompeva la fila e correva a braccia spalancate, la tonaca al vento. Poi un altro si lanciava in una piroetta sulle zolle dure, come un invasato, e appresso a quelli gli altri rompevano i ranghi e impazzavano nell'oliveto. Allertate dalle voci, le altre classi li imitavano e tutto a un tratto le formiche impazzite si erano sparpagliate dovunque. Ritrovata la maestria dei tempi passati, si arrampicavano velocissimi sugli alberi e dondolavano dai rami come scimmie, raggiungevano la cima e da lì, nella certezza di essere irraggiungibili, sfidavano gli improperi dei loro guardiani. Si allargavano a macchia d'olio e raggiungevano la casa, che aveva il portone di ferro chiuso. Saltavano sui muretti a secco dei giardini e si rincorrevano nello spiazzo davanti alla chiesa; se trovavano una lattina vuota prendevano a calciarla in uno svolazzare di tonache, incuranti dei richiami dei maestri.

Dalla fattoria assediata usciva intanto in silenzio la lunga fila di asini diretti all'abbeveratoia, l'unica attività che non poteva essere sospesa. I pretini ormai impavidi si affollavano attorno alla carovana diretta al via-

le dei Pali, e, ignorando le taliate diffidenti dei loro coetanei in groppa agli animali, commentavano ad alta voce, come se quelli fossero sordi e ciechi, toccavano le
quartare, carezzavano collo, groppa e perfino la coda
degli asini. Dopo il pranzo consumato sotto gli alberi,
i pretini, ora calmi, cantavano a squarciagola canzoni
religiose popolari. Il misto di voci acerbe, voci bianche
e giovani voci adulte era un inno alla vitalità prorom-
pente da quelle tuniche nere e rosse.

Nel pomeriggio il portone si apriva per lasciar passare la jeep e subito si richiudeva. Paolo andava a Porto
Empedocle su ordine di papà, che era rimasto a casa e,
come una tigre in gabbia, si rigirava nel salotto di giù
dando male taliate a chi passava da lì. Al ritorno di Paolo il portone rimaneva aperto – invitante.


I pretini adesso erano ammassati nel nostro cortile,
davanti all'arco. I garzoni avevano distribuito loro gli
ascaretti comprati ad Agrigento. Era il momento del
commiato. Nella penombra del salotto papà, che in realtà
era un timido, era teso. Io gli stavo accanto. Conosce-
vamo bene il copione.

«Ringraziate il barone Agnello!» gridava il sacerdote capo.

«Ringraziamo il barone Agnello!» dicevano in coro
i pretini, e ripetevano «il barone Agnello!», «il barone Agnello!», fino a che la faccia contrariata di papà
non appariva alla finestra.

Non vedevo l'ora che se ne andassero; soltanto allora potevo sapere se Paolo mi aveva conservato un

ascaretto, uno, e soltanto per me. Papà non voleva che noi li prendessimo. «Sono per quelli!» diceva, e il tono della sua voce era identico a quello di nonno quando mi negava le caramelle che distribuiva ai contadinelli.

Mangiavo l'ascaretto in segreto, nella penombra della scala di servizio. Lo bevevo, tanto era squagliato, e mi chiedevo se papà offriva ai pretini quel gelato di fiordilatte ricoperto da una crosta di cioccolato nero come la loro tonaca perché glieli ricordava.

# 12
## L'amore dei piccoli

Ricordo bene l'estate in cui vennero ospiti zio Ignazio e la sua moglie svizzera, Verena.

Lei era alta e flessuosa, aveva la carnagione lattea e traslucida come l'alabastro, i capelli dorati e una voce mielosa corredata dalla erre moscia più vibrante che avessi mai sentito. Lui era stato il mio primo amore.

Cugino preferito di mamma, zio Ignazio abitava a Gibesi, una campagna non lontana da Agrigento, e veniva spesso a pranzo da noi. Era un uomo semplicemente irresistibile – volto virile eppure dolce, con un ciuffo castano che gli spioveva sulla fronte e lo sguardo ridente e misterioso. Avevo due anni e mezzo quando me ne innamorai perdutamente. Ogni volta che veniva mi portava in regalo una minuscola tavoletta di burro di cacao avvolta nella stagnola e io gli chiedevo di mettermelo. Mi venivano i brividi quando me lo spalmava sulle labbra. Fortuna volle che, quando mamma stava per uscire di conto per la nascita di Chiara, non poté mandarmi da zia Mariola, al piano di sotto, perché lei aveva Gabriella lattante; non potendo nemmeno farmi rimanere a casa, dove sarebbe avvenuta la nascita, pensò bene di mandarmi a Gibesi con Giuliana per una settimana, che poi, con mia grande contentezza, divennero due: avevo zio Ignazio tutto per me e facevo la padroncina di casa. Non ricordo come, ma gli svelai il mio amore e lui mi assicurò che sarei divenuta sua moglie. Da allora, mi considerai tale dinanzi a tutti.

Mamma racconta che quando lo zio portò a casa per la prima volta Verena, da fidanzata, mi rifiutai di andare in salotto a incontrarla. Obbedii soltanto quando fui costretta. Al momento della presentazione, dissi a Verena con la massima serietà: «Tu puoi anche sposartelo, ma ricordati che io sono stata la sua prima moglie». La accettai, ma la trattai con la freddezza e la condiscendenza che si confacevano alla sua posizione subordinata. Fu allora che mi venne la mania di spazzolarmi i capelli; con Giuliana insistevo che davanti erano neri, ma dietro erano biondi come quelli di Verena. E tuttora diffido delle bionde.

L'affetto reciproco tra me e zio Ignazio durò fino alla sua morte precoce, avvenuta poco dopo la nascita del mio figlio minore. L'anno prima mi era giunto a Londra un grosso cilindro di cartone con dentro una riproduzione di un quadro di Pissarro: un paesaggio di Norwood, uno dei villaggi che nell'Ottocento sorgevano a poca distanza da Londra e che – come Dulwich, il quartiere nel quale abitavo allora – agli inizi del Novecento erano stati inglobati nella metropoli. Era senza biglietto, c'era soltanto il nome del mittente: il suo.

Zio Ignazio e Verena rimasero nostri ospiti per pochi giorni di mia intensa felicità. Chiara aveva tre anni, io quasi sei; avevo accettato la sconfitta, ma non vo-

8. Con zio Ignazio davanti alla casa di Mosè prima che fosse ristrutturata, 1948.

9. Con zio Ignazio, 1948.

levo rendere le cose semplici alla mia rivale. Invece di andare a giocare con gli altri bambini, rimanevo in casa e monopolizzavo l'attenzione di zio Ignazio; ma non ingelosivo Verena come avevo sperato. Gentilissima, con me come con tutti, sembrava interessata a chiacchierare con papà e gli ospiti: aveva altro per la testa. Dopo il nostro pasto di mezzogiorno andavo nella stanza da pranzo e certe volte papà mi permetteva di sedermi accanto a lui o a mamma, per ascoltare i loro discorsi. Quando parlava zio Ignazio mi agitavo e fremevo per dire la mia, portando la conversazione su di me e sui nostri comuni trascorsi: «Quando stavi costruendo la piscina a Gibesi... Quel giorno che Giordano ci portò le ciambelle fresche... a Gibesi... Ti ricordi quando a nonna Francesca finì il citrato di magnesio...».

In realtà, zio Ignazio era già un uomo del passato: benché molto meno intenso, l'anno prima avevo avuto un altro amore, anche quello impossibile. Mi innamorai di Gaspare, il mio cugino primo; lui mi concesse soltanto di adorarlo a distanza. Di questo amore non corrisposto rimangono due fotografie, prese prima che lui si trasferisse a Palermo. Avevo chiesto appositamente a papà di farle, ma Gaspare si faceva aspettare e papà aveva fretta; così mi scattò una foto sulla terrazza, seduta da sola su una zucca, e poi se ne uscì lasciando la Leica a Paolo. Quando Gaspare finalmente venne, al momento di scattare Paolo si annappiò. Non sapeva che fare. Gaspare, annoiato, disse che lo aspettavano a casa e fece per andare. Giuliana, vedendomi sull'orlo dell'isterismo, dovette mandare a chiamare zio Peppinello – il fratello maggiore di mamma – al piano di sotto, e fu così che la foto ricordo venne scattata: mano stretta sul braccio piegato di Gaspare, sfidavo il mondo, come una groupie accanto al suo idolo; e la pellicola trasmetteva l'illusione che lui non soltanto si lasciasse amare, ma che perfino avesse un pizzico di interesse per me. Accanto a quelle due fotografie, nell'album a quadretti rossi ce n'è un'altra, istantanea, di me in braccio a zio Ignazio: non c'è dubbio alcuno su chi sia stato il mio vero amore.

L'episodio della seduta fotografica con Gaspare è rimasto nella mia memoria anche per la reazione di papà. Dopo che Giuliana gli ebbe raccontato l'accaduto, mi disse, serissimo e con voce tonante: «Simonetta, non dimenticare quello che ti dico: con i cugini primi non ci si sposa. Mai. Hai capito?». Era un ordine, che andava ad aggiungersi agli altri tre che non si stancò di ripetermi fino a quando non raggiunsi la maggiore età: «Lavora. Non prendere marito. Non avere figli».

# 13
## L'amore dei grandi

Avevo le idee molto confuse sull'amore dei grandi, figuriamoci sul sesso. Nelle nostre famiglie, come in quelle dei contadini, oltre ai baci dei saluti non c'era alcun contatto fisico tra fidanzati, tantomeno tra marito e moglie.

Mamma ci raccontava dei tempi del suo fidanzamento, delle gite fatte con papà e dei gioielli che lui le regalava: si divertiva a sorprenderla nascondendoli in una trousse, in un paio di guanti, in un mazzo di fiori, tra le caramelle. L'anello di fidanzamento, per esempio, le era arrivato in modo inconsueto: papà aveva messo dei cioccolatini, contati e ben ordinati, in una scatola d'argento con sul coperchio due uccellini che si baciano, dopodiché aveva cominciato a offrirli. Zia Teresa, che aveva la vista acuta, si era accorta che uno era stato manomesso e quando era arrivato il suo turno – a lei, in quanto sorella maggiore, erano offerti prima che a mamma – lo prese lesta lesta. Mamma aveva preso tranquillamente il cioccolatino destinato alla zia e se l'era mangiato tutta contenta. Ci raccontava, e il suo volto si illuminava al ricordo, che papà era sbiancato, e lei non capiva perché. Zia Teresa invece si era tenuta il suo cioccolatino in mano; dopo che tutti si erano serviti, vedendo il disagio di papà aveva detto a mamma: «Tieni Elenù, mangiatene un altro, ché ti piacciono assai». Mamma aveva tolto la stagnola ed era spuntato il brillante della nonna, tutto luccicante.

Forse era quello l'amore dei grandi: mangiare cioccolatini insieme. Ne ero abbastanza certa perché papà teneva sul cassettone della camera da letto una scatola di legno, cilindrica e dipinta con disegni floreali, piena zeppa di cioccolatini, e certe mattine, quando entravo, li trovavo seduti a letto con la scatola in mezzo a loro, aperta. Allora me ne offrivano uno soltanto.

Giuliana era particolarmente bigotta; era stata lei a insistere con mamma per prendere una gatta anziché un gatto maschio. Parlava degli uomini in generale, e del marito fedifrago in particolare, con disprezzo. Si rifiutava di spiegarmi come avesse fatto papà a mettermi nella pancia di mamma. Io, che non credevo alla storia della cicogna che portava i bambini, mi ero rassegnata a non capirlo. Per non parlare di come fossi *uscita* dalla pancia. Non c'era che fare, sarebbe rimasto un mistero fino a quando il bambino nella pancia non lo avessi avuto io. Il fatto era che, a Mosè, l'amore sembrava che lo facessero soltanto i cani, e sotto gli occhi di tutti. E gli insetti: in particolar modo le mosche, i grilli e le mantidi.

Le mie idee sull'amore dei grandi divennero più chiare quando, quell'autunno, venne ospite un parente di mamma che viveva nel Nord Italia con la moglie, una torinese. Non avevano figli e si bisbigliava che il

108

loro matrimonio fosse pericolante, ma non ero riuscita a capire molto di più. Eppure i due sembravano presi l'uno dall'altra; lui la chiamava «Micia» e lei gli rispondeva «Micino»; a me pareva piuttosto strano che si chiamassero con nomi di gatti. Di tanto in tanto, dopo che si era parlato di loro, nonna esclamava: «Mogli e buoi dei paesi tuoi!». Nonno, che parlava poco, sospirava: «È una bella donna», e con grande fastidio di nonna si alzava per fare il solito giro attorno al tavolo prima che lei potesse rispustiarlo.

La zia, più alta del marito, aveva fianchi e spalle forti e vita sottile, e un volto dai lineamenti perfetti. Portava i pantaloni e gli uomini la guardavano con ammirazione. Dopo più di un conciliabolo a bassa voce tra le donne di famiglia fu deciso che non le avrebbero suggerito di non indossarli, ma che glielo avrebbero fatto capire con le mezze parole. Fu inutile. Non raccoglieva. Lo zio usciva ogni giorno con papà e tornavano all'ora dei pasti, e lei, chiaramente annoiata dalla compagnia di tante donne che passavano il tempo ricamando o lavorando a maglia, andava in giro da sola in fattoria. Credevo di capire cosa non andava in quel matrimonio: erano male assortiti. Lei era diversa da noi: stava con le mani in mano e non si cercava un lavoretto, né di cucito, né di maglia. La mattina si presentava in salotto tutta fresca e profumata e sedeva con le altre che ricamavano; poi usciva e veniva davanti alla chiesa dove noi eravamo indaffarati a schiacciare pietre. La prima volta che ci chiese: «Cosa state facendo?», ciascuno di noi diede la propria risposta: «Io schiaccio pietre rosse», «Io schiaccio argilla secca», «Io schiaccio il tufo giallo», e così via. «E poi che ne fate?» domandò lei. «Niente!» le rispondemmo in coro. La zia guardò Giuliana incredula: «Che *fanno*?» ripeté. «Niente, si divertono a schiacciare pietre», rispose Giuliana, offesa da quel tono. La zia rimase a osservarci con un'espressione perplessa venata di superiorità; poi scosse la testa e se ne andò. Ma la noia del salotto era troppo grande e la spingeva a tornare da noi. Rimaneva in piedi, gambe larghe e mani nelle tasche, a osservarci. Fui tentata più di una volta di gettarle la polverina sui pantaloni, tanto mi era antipatica.

Una di quelle mattine lo zio tornò in anticipo per il pranzo di mezzogiorno. Noi stavamo pestando le ultime pietruzze: Giuliana ci aveva già chiamati per andare a tavola – mangiavamo prima dei grandi e dovevamo essere puntuali – e la zia era davanti a noi con i piedi ben piantati e distanti, le mani in tasca. I contadini sulle scale erano tutti occhi per quelle gambe inguainate nei pantaloni. Con uno stridio di ruote lo zio parcheggiò davanti alla chiesa, «Andiamo», disse alla moglie, e in un balzo era già fuori dall'automobile, pronto ad acchiapparla per un braccio e a portarsela in casa dalla scala di servizio. Non so cosa successe tra loro, ma da giù sentivamo voci, poi silenzio.

Mentre pranzavamo ci fu il tintinnio di un campanello e subito dopo il suono meccanico del coperchietto che si abbassava sul quadrato della suoneria: era quello del numero 8, la stanza da letto grande, quella di mamma e papà. Francesca andò da mamma e ritornò per preparare un vassoio con due bicchieri d'acqua; al passaggio bisbigliò qualcosa a Giuliana, che fece una smorfia di disapprovazione e poi cominciò a raccontarci una delle sue straordinarie storie di re Mattia. Come sempre, quando la ascoltavamo dimenticavamo il resto del mondo e così facemmo anche quella volta. Finché lei non dovette interrompere la storia: c'era un continuo viavai di cameriere e il loro bisbigliare era cresciuto di intensità diventando un vocio. C'era stata una grossa lite tra gli zii; lui aveva ordinato alla zia di non indossare più i pantaloni; lei se n'era risentita e lo aveva accusato di essere geloso. Da cosa era nata cosa e avevano bisticciato alla grande, tanto che per fare pace la zia esigeva un regalo molto importante: una pelliccia di visone. Quando lo zio si era rifiutato lei aveva aperto la finestra sul cortile, che aveva un davanzale bassissimo, e aveva minacciato di gettarsi proprio sopra la cisterna; lui l'aveva bloccata ma lei era riuscita a divincolarsi mordendogli un orecchio e poi era corsa a chiudersi in bagno. A quel punto lo zio aveva chiesto a nonna di fare la guardia dinanzi alla porta ed era sceso da mamma per chiederle aiuto: voleva che parlasse con sua moglie.

Giuliana non aveva voglia di continuare la storia di re Mattia, voleva saperne di più di quella appassionante vicenda. E noi pure. Cominciammo a mangiare pianissimo per perdere tempo: Silvano sollevava il cucchiaio lento lento, io chiedevo un altro coppino di ditalini, poi volevo ancora salsa, poi un cucchiaio di pecorino – arrivai perfino a chiedere due foglie di basilico fresco dal-

111

la grasta sul balcone. Chiara, invece, che era inappetente, insisteva nell'infilzare i ditalini sui denti della forchetta, a due a due. Tutto a un tratto, la maniglia di ottone si abbassò con un cigolio e la porta dell'anticucina si spalancò come spinta da un ventaccio. Abito stretto in vita, sottana arricciata e scollatura profonda, la zia sembrava uscita dalle pagine di una rivista di moda; scambiò qualche parola in tedesco con Giuliana e si infilò giù per la scala di servizio.

Un attimo dopo ci raggiunse mamma. Poi gli altri. Fummo interrogati e controinterrogati da lei e poi da papà, insieme allo zio. Volevano sapere dove fosse andata la zia – *non ce l'aveva detto*. Com'era – *bella*. Se aveva qualcosa in mano – *non lo avevamo notato*. Io riferii che aveva parlato in tedesco con Giuliana. Allora lo zio volle parlare con lei, a solo. Giuliana guardò i nostri piatti: i ditalini erano diventati freddi, ma non ci rimproverò per non averli finiti; ci portò di fretta in camera da letto e risalì per il colloquio. Quello fu il suo momento di gloria a Mosè.

Mai i grandi pranzarono così in fretta. In pochi minuti erano tutti fuori casa: lo zio e papà, che era al volante della jeep, fecero a gran velocità il viale dei Pali e si infilarono nel mandorleto arato di fresco. Paolo e Vincenzo, sul trattore, partirono nella direzione opposta. Luigi uscì con l'altro Luigi, suo cognato, ambedue a cavallo e con il binocolo al collo. Mamma e le altre donne non andarono a riposare; sedute sui gradini della chiesa, proprio come gli uomini che avevano ammirato la zia, aspettavano ansiose. Noi, appiccicati alle stecche delle persiane, sentivamo a distanza il grido dello zio, roco e stridulo: «Micia! Micia!».

I telefoni senza fili funzionavano bene a Mosè. Ci dissero poi che era stata Rosalia a ricevere il messaggio, mentre era sulla torre di vedetta; l'allarme era venuto dalla Casa degli Angeli. Rosalia allora aveva mandato un figlio in groppa a un mulo per avvertire Luigi: lui, non appena allertato, aveva allentato le briglie e dato un colpo ai fianchi di Stella, che si era messa a galoppare come una freccia e in quattro e quattr'otto aveva raggiunto la jeep di papà.

La trovarono agli Angeli, accanto a un bunker dell'esercito, in piedi sul costone che affaccia sulla statale 115. Giuliana raccontò alle cameriere quanto Paolo le aveva riferito: la continentale piangeva sola sola, lasciando che il vento le sollevasse la sottana svolazzante; il guardiano dei campi di cotone e i braccianti che zappavano la vigna sottostante l'avevano riconosciuta ma non avevano dato l'allarme, e per questo furono rimproverati da papà. «Scialavano, i puvirazzi», aveva detto Paolo, a loro difesa, e quella volta Giuliana non gli aveva ingiunto di ripetere in italiano: aveva capito anche lei.

Assistemmo da dietro le persiane al ritorno dei tre. Papà guidava, livido. Dietro, tutta sorridente, la zia, riccioli al vento, era abbracciata allo zio, che le dava bacini sulle guance.

Se ne andarono poco dopo. In terrazza, nelle lunghe

serate calde, tra una amarenata e l'altra si parlò a lungo della pelliccia che lo zio avrebbe regalato alla zia.

Capii allora che l'amore dei grandi è tempestoso e che in certi casi i regali lo fanno crescere.

# 14
## Amor sacro e amor profano

Era l'estate dei miei nove anni ed ero prossima alla prima comunione. Mi insegnava il catechismo la signorina Montana, una «mistica e per giunta raccomandata», come diceva Giuliana riferendosi a lei, offesa dal fatto che mamma avesse preferito seguire l'indicazione di padre Parisi, il prete di casa, anziché affidarmi a lei, la «mia» bambinaia. La prima comunione mi sarebbe stata somministrata nella nostra chiesa – luminosissima, pareti bianche e abside bianca e azzurra, con due angioletti sull'arco che separa l'altare dalla minuscola navata – e Giuliana medicò l'offesa occupandosi dei preparativi: lucidare i candelabri di ottone, scegliere le sedie migliori, mettere un tappeto sulla pedana dinanzi all'altare e sistemare il confessionale, che era poi una semplice anta attaccata alla parete.

In quel periodo mamma e io sfogliavamo insieme libri d'arte; ne avevamo parecchi e lei me li mostrava sin da quando ero piccina. Ma quell'anno fu diverso: mamma mi leggeva ad alta voce *Come vedere un quadro*, attraverso il quale mi insegnò a capire e ad apprezzare l'arte. Guardavamo la riproduzione di un dipinto o di un affresco e poi mamma leggeva il testo, indicando di volta in volta con il dito il dettaglio a cui faceva riferimento l'autore. Mi sentivo trasportata in un mondo meraviglioso, dove regnavano l'armonia e la bellezza. Un quadro, di cui mamma non lesse la spiegazione, mi scosse particolarmente: *L'amor sacro e l'amor profano* di Tiziano, un dipinto allegorico in cui una donna seminuda rappresentava l'amor sacro e un'altra, identica a lei ma vestita e ingioiellata, l'amor profano. Mamma, a cui chiesi lumi, fu evasiva.

Quel quadro seminò in me i primi dubbi di carattere religioso: poteva mai una donna mezza nuda rappresentare l'amore per Dio? Allora perché noi dovevamo indossare vestiti con le maniche e accollati, e coprirci perfino il capo con il velo di merletto bianco quando entravamo nella casa di Dio, ovvero in chiesa? Poi, presa da un'altra ansia, e ben più grande, accantonai quel dilemma.

La confessione con padre Parisi mi angosciava: avrei ricordato tutti i miei peccati? La signorina Montana mi venne in aiuto e mi dotò di un libretto in cui erano elencati in ordine alfabetico tutti i possibili peccati, veniali e mortali. Li spuntai con una crocetta a matita, a uno a uno, anche quando la natura del peccato non mi era chiara – 'nsamai lo avessi commesso senza rendermene conto –, nella certezza dell'assoluzione. Fu così che inclusi nella lunga lista, letta con cura nel confessionale, anche i peccati di fornicazione e lussuria, convinta che il primo avesse a che fare con la crudeltà contro le formiche, per la quale Giuliana mi sgridava regolarmente – mi divertivo a scavare le loro tane con un legnet-

116

to e poi le scompigliavo, costringendole a girare sul terreno smosso impazzite dal dolore –, mentre il secondo significava chiaramente un eccessivo apprezzamento delle cose di lusso, e in particolare dei vestiti da sera di zia Teresa quand'era ragazza, tutti volant di georgette e paillette, con i quali mi travestivo insieme a Chicchi, la mia amica del cuore.

Ritornai al dilemma amor sacro-amor profano dopo la prima comunione. Anche Maria, a cui lo avevo sottoposto, era stata vaga, ma su una sola cosa non aveva avuto dubbi: l'amore profano era una brutta cosa, non da persone sposate, insomma era fare le corna. Maria se ne tornò a Palermo con gli zii prima che potessi chiederle ulteriori chiarimenti. Le mie idee sull'amore dei grandi tornarono a confondersi. Silvano e io, in ogni caso, ci pensavamo assai. Ci attraeva, l'amore dei grandi. Tanto. Eravamo in attesa di una vera storia d'amore scabrosa, che venne.

A papà piaceva incontrare persone diverse, con cui faceva amicizie «a panzata» e che per un periodo diventavano habitué in casa nostra. A Gela – dove si diceva che ci fossero grandi giacimenti di idrocarburi, perfino nel fondo del mare – aveva conosciuto un geologo napoletano che lavorava per una ditta del Nord Italia e la sua giovane moglie minuta e ossigenata; la coppia girava con un ingegnere, collega di lui, uno scapolo aitante che era anche il suo migliore amico. Silvano e io eravamo convinti che tra la signora e l'amico del marito ci fosse una tresca. I tre arrivavano a bordo dell'automobile del marito, un omone dagli occhi bulbosi che sprofondava nella poltrona accanto a nonna e mangiava di tutto, in silenzio. La moglie vestiva in modo particolare: si faceva cucire vestiti con il corpetto a girocollo e smanicato, talmente stretto che si notavano i capezzoli compressi nel reggiseno. Invariabilmente, i due «amanti», come noi li chiamavamo, si sedevano uno accanto all'altra sul divanetto di vimini. Lei, con la schiena staccata dalla spalliera e a gambe accavallate, dondolava il sandalo senza cinturino dal tacco altissimo, mettendo in mostra le gambe ben tornite e le unghie dei piedi laccate di rosso sangue. Lui, tutto sdivacato sul divanetto, allungava il braccio sulla spalliera dietro di lei. Si lanciavano taliate frequenti e fugaci.

In cucina, le cameriere facevano commenti salaci, e Silvano e io decidemmo di scoprire cosa facesse davvero quel braccio dietro la spalliera. L'abbracciava? Le carezzava il fondoschiena? Quando venivano in visita nel pomeriggio, ci offrivamo di servire le mandorle salate per dare una sbirciata, e io ne feci addirittura cadere alcune per raccoglierle dietro la spalliera. Nulla. Allora ci nascondevamo dietro la persiana del salotto. Ma da lì non riuscivamo a vedere la spalliera. Poi ci accorgemmo che dalla finestra della lavanderia, in alto, avremmo avuto la vista migliore. Decidemmo che saremmo andati lì, una sera. Silvano e io facemmo un sopralluogo: la pila era proprio sotto la finestra, avremmo potuto salirci sopra e da lì guardare in basso. Unica accortezza, bisognava andarci quando non c'era roba a mollo con la lisciva.

La sera della nostra avventura aspettammo che Giuliana ci mettesse a letto e poi si ritirasse in camera sua. Avevamo persuaso Chiara e Gabriella a non seguirci, con la promessa che poi gli avremmo raccontato tutto. Sistemammo i cuscini sotto le lenzuola per simulare la sagoma dei nostri corpi: se Giuliana si fosse accorta dell'inganno, Chiara e Gabriella avrebbero dovuto dirle che eravamo andati in cortile a vedere la cucciolata di Vampa, la cirneca di papà. Dopo le ultime raccomandazioni, salimmo di sopra in punta di piedi. Nell'anticucina, Francesca preparava i boccali di acqua fresca e anice e di limonata. Aspettammo che andasse in terrazza, poi, al buio, imboccammo la scala di servizio.

La luce della luna entrava a fiotti nella lavanderia. Ci arrampicammo senza difficoltà sulla pila, in bilico sui trispiti. Dalla finestrella vedevamo soltanto l'estremità opposta della terrazza, dov'erano seduti mamma e il nonno – il parapetto impediva di vedere la zona in cui si trovavano i nostri sorvegliati, ma noi non ci arrendevamo facilmente. In silenzio, comunicando a gesti, cominciammo ad ammucchiare sulla pila le cassette di legno che erano accatastate in un angolo. Ci arrampicammo su quella torre pericolante e, una volta in cima, cominciammo ad ammuttarci per la postazione migliore. Ma scoprimmo che non ce n'era bisogno: vedevamo tutto e bene. Erano seduti sul divano. L'amico, in giacca e cravatta, capelli corvini unti di Brylcreem che splendevano alla luce della lampada a gas, teneva il braccio destro lungo la spalliera, le dita inquiete. Guardava lei.

«Che fa?» chiese Silvano.

«Batte la musica», risposi io romantica.

«Che musica? Non ce n'è», obiettò lui, e ci sporgemmo.

«Musica profana!» specificai, ma lui non mi diede conto.

La signora si era raddrizzata sul divanetto. Io fissavo le dita di lui: continuavano a battere una musica immaginaria, e ritmicamente i polpastrelli dell'indice e del medio tormentavano il fondoschiena della signora. Negli occhi castani di lei passava un lampo quando incrociava lo sguardo languido di lui. Noi li fissavamo ipnotizzati. Tutto a un tratto... patatrac! Un tonfo e ci trovammo a terra, la pila capovolta e pezzi di legno dovunque.

«Che è successo?» strillò nonna, per prima.

«Niente», disse mamma, «sono i gatti che si arrampicano sulle cassette di legno in lavanderia e fanno cadere cose».

«I gatti?!». Nonna storse la bocca.

Quatti quatti, ce ne scendemmo giù. Mamma era in agguato ai piedi della scala. «Non fatelo più, bambini, capito? Ora filate a letto». E ci diede un bacio sui capelli.

## 15
## I sogni romantici delle mennulare

A differenza di altre colture – olive, uva, pistacchi –, le mandorle mature possono essere lasciate sull'albero. Non a lungo, però: quando il mallo si spacca non si può più rimandare, bisogna raccoglierle.

Ad agosto arrivava a Mosè da Realmonte, un paese sulla costa poco distante da Siculiana, una squadra di mennulare. Erano ragazze da marito, poverissime: si adattavano a raccogliere mandorle per aiutare i genitori e farsi il corredo. Arrivavano nel cassone di un camion, stipate come una mandria, portandosi coperte, vasellame, pentole e tutto ciò che serviva loro per bivaccare nel magazzino dell'ex frantoio. Il magazzino si apriva sul nostro cortile, lontano dai bagli e dalle mogli dei contadini che alle mennulare erano superiori per censo ed estrazione sociale.

Papà dava loro il vitto, incluso l'ottimo pane di Rosalia, e le trattava bene. Per anni venne la stessa squadra, con pochi cambiamenti; se ne mancava una, voleva dire che si era maritata. La fimmina guardiana, una vedova sbraitante, dirigeva il lavoro, il dormitorio e la cucinata; la verginità delle mennulare doveva essere garantita e dunque facevano vita completamente separata dai contadini: l'accordo era che avessero a che fare con loro soltanto durante il lavoro nei campi e alla festa di fine raccolta. Papà le conosceva una per una, e così Luigi e i ragazzi della fattoria; tutti, incluso papà, si attenevano a quanto richiesto dalla guardiana e nessuno le aveva mai inzollentate. A sua volta la fimmina guardiana, sapendo che a Mosè le sue ragazze erano rispettate, concedeva loro qualche libertà: potevano scherzare con i giovani bacchettatori e perfino, entro certi limiti, rispustiarli.

Le trovavo subito nei campi, bastava seguire il loro canto. Si coprivano il capo con un fazzoletto annodato sulla nuca e indossavano abiti sbiaditi con la gonna lunga e ampia; lavoravano carponi e raccoglievano le mandorle cadute tra le zolle. Erano giovani e belle, molte avevano carnagione chiara e capelli biondi. Angela, la più spigliata, aveva gli occhi azzurri. Ogni tanto si tirava su e si guardava intorno. Incrociava lo sguardo della guardiana, sempre all'erta, vigile, e poi, senza smettere di raccogliere, dava il via a una stornellata a botta e risposta. La sua cantata, forte e melodiosa, si spargeva sotto gli alberi come una nebbia leggera e poi si levava nel cielo azzurro, luminosissimo. Quando si spegneva attaccavano le voci acerbe dei bacchettatori, anche loro alla ricerca dell'amore, e così andavano cantando una strofa dopo l'altra, a turno – quelle con le mani affannate tra le zolle, e quelli con le lunghe bacchette nodose in pugno. La sera tornavano in fattoria insieme, le fimmine davanti e ai lati del trattore, i masculi dietro. Le più stanche si appollaiavano sui sacchi di mandorle nel rimorchio, dove sedeva la guardiana.

10. Giuliana, mamma con Chiara (in braccio) e la signora Melluso –
la prima e grande amica di mamma – con me (in braccio), sul
muretto del giardino, 1950.

Raggiunto il viale dei Pali, la casa di Mosè appariva – in fondo – in tutta la sua maestà: erano quasi arrivate. Le mennulare ancheggiavano voluttuose sul terreno battuto, attente a controllare l'annacata quando gli occhi della guardiana calavano su di loro. Dietro, marciavano baldanzosi i garzoni.

Durante la raccolta delle mandorle, di giorno le nostre automobili non potevano entrare nel cortile. Un grande tavolo rettangolare su trispiti occupava l'intero androne e si entrava e si usciva di lato. Mentre le mennulare lavoravano chine sotto gli alberi, le contadine, sedute attorno a quel tavolo, toglievano il mallo alle mandorle raccolte il giorno prima: ammassate lì, formavano una montagna che sembrava un centrotavola barocco. Al tavolo si avvicendavano a turno tutte le donne di Mosè, Rosalia per prima. Non erano sole: zia Teresa e mamma, e con minor assiduità zia Mariola e altre ospiti, scendevano e lavoravano insieme a loro per un po'. Con l'aiuto di una pietra staccavano il mallo dalle mandorle e le gettavano nei grandi cesti foderati di tela di sacco poggiati a terra. Lavoravano svelte, chiacchierando. Anch'io partecipavo. Il loro parlare era scandito e accompagnato dai colpi sordi della pietra sul mallo e dal ticchettio dei gusci delle mandorle gettate nei cesti, che i garzoni poi rovesciavano sui teloni stesi nel cortile, ai lati dell'arco. Questo lavoro congiunto di padrone e contadine aveva origine in una antica tradizione che piaceva a tutte e che papà aveva voluto mantenere. Perfino le vecchie svagate o invalide venivano fatte sedere intorno al tavolo e sembravano contente di godersi il venticello fresco che attraversava l'androne: toglievano il mallo a qualche mandorla, si guardavano in giro e ogni tanto una diceva la sua, più o meno a sproposito. Nel tardo pomeriggio gli uomini smontavano il tavolo dai trispiti e le donne si ritiravano, prima del ritorno delle mennulare. Nel cortile rimanevano soltanto i garzoni, che mescolavano e pareggiavano con i rastrelli lo strato di mandorle messo ad asciugare sui teloni; dopo il tramonto sarebbero tornati per proteggerle dall'umidità della notte con un telo incerato, ma non prima che noi bambini potessimo saltarvi sopra e scivolarvi come se fossero enormi granelli di sabbia.

Intanto, in cucina mamma e zia Teresa si ingegnavano per usare tutte le mandorle rimaste nel riposto dall'anno precedente, e sfornavano biscotti ricci croccanti e profumati, crostate con la pasta frolla preparata con la farina di mandorle e mandorline tostate con il sale e l'albume dell'uovo da offrire alle visite del pomeriggio.

La festa a fine raccolta era uno dei grandi avvenimenti delle nostre vacanze. Le mennulare avevano cominciato a pianificarla sin dal primo giorno, celebrava il lavoro e confermava il loro sogno: il matrimonio. Il pubblico consisteva soltanto di noi e dei contadini – non delle loro femmine. Il rimorchio del trattore – per l'occasione carro trionfale – era parcheggiato davanti a casa, vicino alla chiesa, dove stavano i musicisti: un contadino della Crocca, che suonava bene la fisarmonica, e altri due che suonavano rispettivamente il flauto e lo scacciapensieri. Papà faceva venire sempre una coppia: lui suonava la fisarmonica e lei cantava «Mastru Petru cu' so' mugghieri alla piazza sinni va». L'addobbo del carro era ricco: foglie di palma e rami di olivo incrociati a formare piccoli archi, con una tenda a baldacchino sopra il trono – una sedia con braccioli prestata dall'amministratore e coperta da un drappo rosso. Le mennulare vi creavano una sorta di tableau vivant che aveva come protagonista la dea della raccolta – una Cerere autoctona – o una sposa, a volte sotto le spoglie di una santa procace. La ragazza che interpretava il personaggio principale cambiava ogni anno; le altre, nei loro casti abiti di festa e con fiori appuntati tra i capelli, fungevano da ancelle. La musica era assordante. La prescelta prendeva posto tra gli applausi e poi iniziavano le cantate. I suonatori si avvicinavano e le mennulare, alcune sul rimorchio, altre – le timide, o quelle escluse dal divertimento per un lutto – a terra, si abbandonavano a cantare canzoni antiche e moderne. Angela non partecipava al tableau vivant. Aveva un ruolo di rilievo che gestiva con consumata abilità e con varianti minime di anno in anno: rimaneva nel magazzino e aspettava che le altre finissero la cantata corale. A un cenno della guardiana, il fisarmonicista lasciava i musicanti e andava, da solo e continuando a suonare, verso il portone del magazzino. Poi interrompeva la musica e aspettava. Silenzio. All'improvviso, da dentro, una bella voce intonava un'aria e lui l'accompagnava. Sulla porta appariva Angela, trasformata in giovane donna moderna: sandali rossi dai tacchi alti trasparenti, dono dei parenti americani, abito frusciante di lucida finta seta e capelli tutti boccoli. La bocca grande era dipinta di vermiglio e due grosse perle finte le adornavano le orecchie. Angela precedeva il fisarmonicista e andava verso il rimorchio a passi lunghi e lenti, senza smettere di cantare. L'atmosfera era intensamente erotica, il ritmo incalzante. Poi Angela balzava sul rimorchio e continuava il canto girando lentamente attorno alla sposa biancovestita e ormai afflosciata nel trono, totalmente insignificante e cosciente di essere stata oscurata da quel sensazionale ingresso in scena.

Alla fine, battimani e rinfreschi: teglie di sfincione, salsicce arrostite e braciole di maiale e di agnello arrosto con patatine e cipolle annaffiati col vinello di Mosè. Per dolce, anguria tenuta in fresco nella cisterna e i pezzi duri di gelato fatti venire da papà da Porto Empedocle. Angela continuava a cantare: se la godeva e faceva godere gli altri fino all'ultimo. Poi prendeva la sposa per il braccio e apriva le danze. Ballavano femmine con femmine. Ma per la tarantella Angela prendeva un uomo. Proprio lei, con i tacchi alti e l'abito lucido, iniziava quel ballo tradizionale con Luigi, che nonostante avesse il doppio dei suoi anni era ancora un gran ballerino. Si ballava e si cantava fino a tardi. Era sempre Angela a dare il via alla processione finale, anche quella cantata, che riportava le mennulare nel magazzino.

Le osservavo attraverso le persiane della camera da letto mentre gli altri dormivano. Rosse e sudate, sembravano maschere tragiche di desiderio inappagato, mentre sfilavano dentro l'androne. Da lì dentro sentivo ancora le loro voci, che pian piano si affievolivano. E come loro anch'io, per la prima volta, mi sentivo dentro un rimescolio e sognavo l'amore. Per me.

## 16
## Il fermo, la paura e i serpenti

Negli anni cinquanta, assieme alla luce elettrica giunse a Mosè un grosso frigidaire con tanto di chiave che a noi sembrava la caverna di Aladino, pieno com'era di delizie e sorprese. Bastava tirare la maniglia cromata, lucida come argento, che la porta bombé, smaltata di color crema, si apriva rivelando bottiglie di acqua fresca, boccali di spremuta di uva e di amarenata, budini e prosciutti; in più, nel compartimento freezer c'erano i vassoi del ghiaccio con dentro una specie di lisca di metallo dotata di levetta – bastava alzarla perché venissero fuori cubetti di ghiaccio belli e pronti per tuffarsi nei nostri bicchieri di acqua tiepida – e i gelati comprati o fatti in casa. Io, che cominciavo a interessarmi alla cucina, ero affascinata da quella novità. Il frigorifero aveva rivoluzionato il nostro modo di mangiare: la carne arrivava a tavola più spesso, nella nostra dieta fecero la loro apparizione il latte di mucca e il burro e così le gelatine e i sorbetti. Il reparto freezer era piccolo, ma ben utilizzato. Mamma e zia Teresa tirarono fuori una vecchia gelatiera che funzionava con il ghiaccio tritato, ma la trovarono complicata da usare. Imperterrite, impararono a preparare i sorbetti seguendo le indicazioni del *Talisma-*

*no della felicità*: erano buoni, ma non bastavano mai per tutti noi. E papà al sorbetto preferiva i gelati; un giorno mamma chiese al signor Castiglione se poteva dargliene la ricetta. «Nonsi», le disse il vecchietto, «ho giurato a mio nipote di non darla a nessuno in vita, semmai volessero continuare il mio esercizio. Le prometto che, nel caso, gliela farò avere quando sarò morto». E puntualmente, alla morte del signor Castiglione la ricetta arrivò, tramite il nipote.

Silvano era diventato l'ombra di Vincenzo, particolarmente da quando Puma lo aveva disilluso come autista. Puma corteggiava Carmela, una cameriera molto carina. Una domenica, per farsi bello, dopo essersi caricato me e Silvano nel cassone la invitò a fare un giro sulla jeep di papà. Puma non era quel che si dice un pilota; era impacciato e, dopo aver confuso i pedali di acceleratore, freno e frizione – che nella jeep erano posizionati diversamente rispetto alla Fiat –, mentre imboccava il viale dei Pali andò a sbattere contro uno dei giovani olmi piantati da papà. Sfortuna volle che zia Teresa stesse ricamando vicino al balcone della stanza da pranzo: mala figura, vergogna e rimproveri! L'amore tra Puma e Carmela appassì prima ancora di essere sbocciato. Comunque sia, sin dall'età di otto anni Silvano aveva avuto il permesso di guidare il trattore ed era ormai trattorista a tutti gli effetti; Maria e Gaspare venivano per poche settimane, e Chiara, Gabriella e Mela continuavano a pestare pietre con foga e dedizione: le polverine poi le davano da mangiare alle bambole di cartone, da loro stesse disegnate, ritagliate e colorate. Io dopo un po' mi annoiavo a pestare pietre e preferivo rientrare in casa per leggere. Mamma se ne accorse e mi diede il compito di spolverare i libri dello studio.

I mobili di questa stanza provenivano dalla casa di Palermo del mio nonno materno, Gaspare. Di stile Novecento e tondeggianti, risalivano agli anni venti ed erano interamente coperti da una impiallacciatura di radica di noce tutta nodi e onde. C'erano una scrivania, due poltrone, sedie, pouf, una toletta alta con lo specchio nascosto e due armadi: uno era il guardaroba, mentre l'altro, ben più grande e alto, aveva due sportelli a due ante con cerniere che si piegavano sui due lati rivelando un sommier cinghiato. Bastava premere il pulsante a lato per farlo abbassare. (Quando c'erano molti ospiti, lo studio fungeva da camera da letto di emergenza). Mamma aveva tolto il sommier per usarlo in un'altra stanza e all'interno dell'armadio aveva fatto montare profondi scaffali che aveva riempito di libri. Erano quelli che leggeva lei da ragazza e quanto rimaneva della biblioteca di nonno Gaspare, distrutta dal bombardamento americano: romanzi, qualche volume di enciclopedia, album rilegati della «Semaine de Suzette», tomi di D'Annunzio, biografie e diversi racconti osé di un certo Pitigrilli – insomma, un miscuglio senza senso; altrettanto senza senso era stato il bombardamento a tappeto che aveva colpito la casa di Agrigento. Scuotendo il capo mesta, mamma ricordava come quelle bombe che avevano accompagnato l'avanzata degli americani avessero fatto tante vittime tra i civili e distrutto case e opifici in un territorio già vinto.

Nello studio passavo ore felici. Non mi sentivo sola: la finestra era sopra l'androne e ascoltavo, non vista, tutto quello che era detto lì e sugli scalini della chiesa. Mamma mi aveva spiegato come spolverare i libri: dovevo prenderli e sbattere vigorosamente le pagine, tenendo la testa indietro per evitare che la polvere mi entrasse negli occhi; poi facevo scorrere lentamente il pollice sul bordo delle pagine, come se fossero stecche di un ventaglio, e infine ci passavo sopra la pezza da spolvero. A quel punto erano pronti per tornare nell'armadio.

Mamma in quel periodo sembrava svagata e mi lasciava sistemare i libri come mi diceva la testa: secondo la lingua – ce n'erano molti in francese e in tedesco –, secondo i colori delle copertine o la grandezza dei volumi, perfino secondo gli autori, in ordine alfabetico. Mai secondo il soggetto: mi era infatti vietato leggere qualsiasi libro senza il permesso di mamma o di papà. Naturalmente però ci sbirciavo dentro e leggiucchiavo qualche pagina. Appresi così fatti scabrosi e vaghe nozioni che stimolarono la mia immaginazione aggiungendo confusione a quella che c'era già nella mia mente.

Si continuava a parlare della riforma agraria, l'unico argomento che suscitava una reazione identica in tutti i grandi: si incupivano. Questa nuova legge non permetteva ai proprietari di possedere più di duecento ettari: lo stato avrebbe tolto la terra in esubero e l'avrebbe divisa tra coloro che non ne possedevano. A casa si parlava di proprietari che vendevano le terre in tutta fretta, prima che lo stato gliele togliesse, di altri che le donavano ai figli e di altri ancora che facevano finte vendite a prestanome. Mosè era meno di duecento ettari, perciò non capivo la preoccupazione di papà. Ma lui sosteneva che la riforma agraria era malfatta: «Quei disgraziati a cui saranno assegnate piccole quote di terra non hanno le basi economiche per coltivarla e mantenerla, e lo stato non li aiuterà. Ci rimetteranno del proprio. La terra finirà incolta, o venduta a poche lire». Inoltre, la miniera Ciavolotta, di proprietà dei Giudice, non era più in funzione. I grandi dicevano che nessuno voleva comprare il nostro zolfo, dopo la fine della guerra in Corea. Ma la Corea era lontanissima, vicino al Giappone, e allora perché? Non ci capivo niente. Di certo, c'era scontento tra i minatori e per questo non avevamo il permesso di andare al villaggio. Mi dispiaceva, come mi dispiaceva non poter più andare a visitare la miniera e intingere le spine nello zolfo liquido: quando le tiravo fuori sembravano d'oro. Zio Giovanni, solitamente di un'allegria contagiosa, era molto pensieroso. Da Agrigento venivano meno persone in visita, forse anche loro avevano preoccupazioni. Si parlava molto della Fondiaria – per me, una donna dal nome insolito che aveva l'effetto di turbare gli uomini di casa – e di un'altra donna altrettanto sgradevole alla quale in nostra presenza si alludeva come a «la Norma». Maria, più grande di me e oggetto della mia adorazione, mi spiegò che la Fondiaria era un'imposta, da pagare entro il 18 agosto, giorno dell'onomastico di mamma, e che le frasi: «Attenta alla Norma», o «Ricordatevi della Norma» o perfino il funesto «Zittitevi, c'è la Norma!» erano il modo dei grandi di avvisarsi a vicenda di non lanciarsi in una discussione su argomenti non adatti ai bambini, o di interromperla. Avevo la sensazione che ci fossero disaccordi in famiglia; ne ebbi la conferma quando i nonni se ne andarono a Siculiana anzitempo dicendo che avevano lavori in casa e papà, che era spesso di malumore, certe volte dormiva da loro per controllare i mastri.

Una sera di agosto mamma subì un fermo nella nostra stradella. Non ci fu detto in modo esplicito, ma anche se non vi assistemmo direttamente lo seguimmo dalla terrazza. Il sole era tramontato ma non era ancora buio. Chiara e Gabriella giocavano in salotto con le bambole di cartone. Maria aveva la febbre alta e non aveva voluto che zio Giovanni la lasciasse per andare a prendere il dottor Vadalà ad Agrigento. Gli altri uomini di casa erano fuori e a prendere il dottore c'era andata mamma, di fretta, nella Giardinetta dello zio guidata da Paolo. All'ultimo momento Pina, la cameriera di zio Giovanni che aiutava in cucina mentre Caterina era in ferie, aveva chiesto di andare con loro per portare un pacco a sua madre che viveva ad Agrigento e zia Mariola le aveva accordato il permesso. Aspettavamo con ansia l'arrivo del medico. Finalmente vedemmo la Giardinetta imboccare la stradella: a quei tempi c'era paura di sequestri e di fermi ed era normale seguire dalla terrazza il percorso delle automobili di famiglia. Contavo mentalmente i secondi entro cui, secondo i miei calcoli, il muso della Giardinetta sarebbe dovuto spuntare sotto Rubbabaruni: ma i secondi passavano e il muso non spuntava. La Giardinetta si era volatilizzata. Leggere leggere e senza dir parola, zia Teresa e zia Mariola avevano lasciato le loro sedie; le mani strette alla ringhiera, tenevano gli occhi fissi sulla stradella. Il cannocchiale di Rosalia sporgeva dalla finestra della sua guardiola. Zia Concettina, un'anziana parente che veniva ogni anno per qualche settimana, intercalava i suoi «Maria, Maria» a profondi sospiri. Il tempo sembrava essersi dilatato, quasi sospeso. Nessuno parlava e nessuno guardava gli altri.

La voce stridula di Filomena reclamava mamma. Ignara che fosse andata ad Agrigento, la voleva in cucina: le melanzane erano cotte e scolate, pronte per farne polpette. Silenzio. Zia Concettina le puntò addosso gli occhi impastati di rimmel. «Dov'è la baronessa Elena?» continuava a ripetere Filomena imperterrita. «La baronessa, dov'è? Pina doveva fare le polpette e mi piantò. Io non ce la so! La baronessa voglio!». Finché, «Vengo io!» dissi stizzita.

Oltre alla polpa di melanzana ben scolata e schiacciata con la forchetta, Filomena aveva già disposto gli ingredienti sulla balata di marmo ognuno nel proprio piatto, come le aveva insegnato mamma: mollica di pane, mentuccia e prezzemolo tritati, uova, sale, pepe, latte e caciocavallo grattugiato. Li guardavo sgomenta. Avevo aiutato mamma porgendole gli ingredienti per le polpette, in attesa di modellarle – piatte e rotonde come le voleva lei –, ma non le avevo mai impastate da sola. Mai. «Si fanno a occhio», diceva mamma mentre impastava, «devi assaggiarle, e fermarti quando piacciono a te: ricordati che ogni melanzana ha un suo sapore particolare».

Lavoravo sodo – un pugno di uno, una cucchiaiata dell'altro, un po' più di latte per ammorbidire, un pizzico di peperoncino – e senza che me ne accorgessi l'impasto raggiunse la giusta consistenza: né troppo molle, né troppo duro. Avevo la mente altrove. Cos'era successo? Pensavo alla Giardinetta, stranamente, e non a mamma: immaginavo una panne e me li vedevo sul bordo dello stradale, lei e il dottor Vadalà, mentre aspettavano che Paolo cambiasse la ruota. O era stato un guasto al motore? Paolo diceva che la frizione «scivolava»: era stato quello? E davo pugni, talmente forti da far traballare la ciotolona di ceramica, all'impasto. Era brutto, grigioverde e grumoso. Lo assaggiai: bisognava aggiungere una cucchiaiata di pecorino grattugiato, avrebbe esaltato gli altri sapori e dato un forte retrogusto. Pensierosa, modellavo polpette disuguali e bitorzolute.

«E ch'è, ti scurdasti a fare i purpetti?» incalzava Filomena, impaziente. Il suo compito era infarinarle e metterle in fila sul tagliere, pronte per la frittura in olio d'oliva abbondante, a fuoco forte. Con il cuore stretto presi un mezzo cucchiaio per misura e cominciai a fare come mamma mi aveva insegnato quando ero piccola, prima che ci prendessi la mano; dal cucchiaio mi facevo cadere nel palmo inumidito una porzione di impasto e poi l'arrotolavo veloce. Quando l'amalgama diventava una sfera perfetta, una schiacciata decisa ma non troppo lo trasformava in un cuscinetto rotondo spesso un centimetro. Poggiavo la polpetta di melanzana sul cartone da dolci riciclato allo scopo e cosparso di un velo di farina. A quel punto subentrava Filomena. Io intanto modellavo polpette identiche e di forma perfetta, meccanicamente, e pian piano i pensieri neri si allontanavano.

Non interruppi il lavoro quando sentii il rombo della Giardinetta nell'androne, nemmeno quando mamma e il dottor Vadalà salirono in casa e le donne – padrone e cameriere – li attorniarono vuciando.

L'indomani ci fu detto che a Mosè c'era stata un'invasione di vipere: non dovevamo più andare nei campi, né allontanarci dalla fattoria, fino a nuovo ordine. Non ci credevo, e nemmeno Maria. Zio Giovanni aveva perduto la sua verve e i grandi comunicavano quasi solo in codice. Ci confortavamo parlando d'altro, ma la testa era lì: era stato un fermo, lo avevamo capito da soli. Sapevamo dei fermi, dei sequestri, dei briganti. E della mafia. Avevamo imparato dalle mezze parole e dai volti dei grandi, dai gesti e dalle atmosfere pesanti di certe giornate. Perché? Che avvertimento volevano dare allo zio? Eravamo sicuri che era diretto a lui, perché era la sua la macchina che avevano fermato. E mamma, aveva avuto paura? Ero mangiata dall'ansia, ma non c'era che fare: ogni adulto a cui domandavo si atteneva a quella versione dei fatti, mamma inclusa.

Quando ci fu permesso di nuovo di andare in campagna, scoprimmo a Mastru Iacintu tre vecchi alberi di olivo bruciati di fresco.

# 17
## Tempi difficili

A undici anni fui ammessa alla tavola dei grandi, a cui già sedevano Maria, che ormai passava la maggior parte del tempo con mamma e zia Teresa, alle quali era legatissima, e Gaspare, che stava poco con noi, preferendo seguire suo padre o bazzicare con Puma. Silvano era sempre sul trattore o nella Seicento di zio Peppino e Chiara e Gabriella quasi non si vedevano più, tranne la sera in cortile. Erano inseparabili e autonome. Insieme, si divertivano moltissimo; cercavano le stanze meno frequentate e lì creavano il loro atelier: usando scatole, giornali vecchi, forbici e colla creavano case di bambole complete di arredamento; poi giocavano con le bambole di cartone disegnate da loro e vestite, grazie alle apposite linguette, con i vestiti di carta ritagliati da mamma e colorati da loro. Spesso non sapevamo nemmeno dove fossero, tanto erano tranquille; ma la loro presenza era svelata, prima o poi, dal loro cantare, anche quello sommesso: erano intonate e stornellavano insieme appoggiate al davanzale. Nel pomeriggio, insieme a Mela e a Cettina, facevano giochi di gruppo nel cortile e passeggiate. Silvano si univa a loro e io, che non partecipavo ai giochi, mi divertivo comunque a contribuire, per esempio indicando a chi era nascosto quando la via era libera per raggiungere la meta e gridare: «Libero io, liberi tutti!».

In realtà stavo molto sola, a leggere o a disegnare; e quando avevo i tubetti di colore dipingevo a olio. Una volta sola riuscii a persuadere Chiara, che aveva una treccia nera e lucida lunga fino alla vita, a posare per me; ero molto fiera di quel ritratto, in cui lei compariva di profilo e con la bellissima treccia in evidenza. Poi mi piaceva ricamare e copiare poesie con Giuliana, e di pomeriggio stavo sempre più spesso in terrazza con Maria e i grandi: seduta a un angolo del tavolo della canasta, anziché seguire il gioco osservavo i volti e le espressioni dei giocatori – zio Giovanni, come sempre, era divertentissimo; zia Mariola e zia Teresa giocavano sul serio e ci pensavano a lungo prima di prendere il mazzo o scartare; dopo, buona o cattiva che fosse stata la loro mossa, erano pronte a scoppiare in una risata; mamma invece era spesso distratta e veniva ripresa.

In casa si sentiva la mancanza di denaro. Non era una novità, ma in genere poi veniva la raccolta del grano, o dell'uva, o del cotone; papà incassava il prezzo di vendita e si tornava a spendere come prima. Questa volta invece la mancanza di denaro si protrasse e divenne palese quando mamma non rimpiazzò Caterina, che si era licenziata – si murmurava che fosse andata a vivere con lo spesarolo –, e cominciò a occuparsi della cucina personalmente, con l'aiuto delle altre persone di servizio. A differenza di nonna, che a Mosè non veniva più, mamma era brava a cucinare dolci ma sapeva meno del resto; cominciò a studiare le ricette dell'Artusi e del *Talismano della felicità* e presto fu in grado di eseguirle alla perfezione. Ma era spesso pensierosa e con le occhiaie scure; certe volte la trovavo sdraiata sul letto e sembrava che il suo solito fastidio, lo stomaco gonfio, la affliggesse più di frequente. Allora le offrivo una tazza di acqua e alloro ma anche quella le dava soltanto un leggero sollievo. Mi convinsi che il malessere di mamma fosse dovuto al peso della cucina; fu allora che le chiesi di aiutarla, e lei me lo permise.

«Che si mangia oggi?» dicevano le donne di casa quando si incontravano la mattina in salotto. E noi lo ripetevamo a Giuliana: «Che si mangia oggi?». Era una domanda carica di significato: mentre per i grandi poteva introdurre il desiderio di un piatto antico o un suggerimento per una nuova ricetta, in noi bambini esprimeva il tedio, quando non addirittura l'insofferenza, di ritrovarsi davanti l'ennesimo piatto di spaghetti e zucchine fritte, o la speranza che ci fossero dei peperoni maturi, che il pomodoro acerbo si fosse addolcito, che ci servissero qualche rara leccornia. Infatti a Mosè non si comprava frutta né verdura, tranne le patate: si mangiava quello che produceva l'orto. La maggior parte dei nostri prodotti avevano vita breve, e in ogni caso la frutta che si vendeva poteva da un giorno all'altro scomparire dalla nostra tavola: gli alberi erano stati lasciati senza nemmeno un frutto. Con alcuni ortaggi, nell'arco di meno di un mese si passava dalla carenza alla dovi-

11. Con Chiara, 1950.

zia, e poi alla loro subitanea scomparsa. Dunque, per necessità, la nostra dieta non era variata come quando eravamo in città, dove si poteva comprare tutto ciò che era esposto dal fruttivendolo. I grandi, maschi e femmine, discutevano parecchio su cosa cucinare e come. Gli uomini lasciavano intendere di saperla particolarmente lunga sulla salsa di pomodoro: a sentirli sembrava che fossero abituati a stare ai fornelli, mentre in realtà mettevano piede in cucina di rado, e mai per cucinare.

Nonostante la pasta con la salsa di pomodoro si mangiasse ogni giorno, con pochissime eccezioni, c'erano infiniti modi di preparare la salsa e non si raggiunse mai l'accordo su quale fosse il migliore. La cottura iniziava dopo che il pomodoro, messo a bollire per una buona mezz'ora, era stato spremuto togliendo pelle e semi, ma c'erano due scuole riguardo alla preparazione della salsa «normale». Quella agrigentina prevedeva esclusivamente l'aglio, che poteva essere rosolato intero o a pezzi grossi – e poi lasciato nella salsa o tolto prima di condire la pasta –, oppure a pezzettini che si spappolavano durante la cottura. Quella palermitana prevedeva invece la cipolla; si discuteva dapprima sul tipo di cipolla – cipollina, o cipolla bianca e dolce, o quella rossa e corposa – e poi se rosolarla prima nell'olio, o se metterla a cuocere insieme a olio e passato di pomodoro; a volte si aggiungeva anche un battuto di carota e sedano, una variante di lusso e costosa. La cipolla era lasciata nella salsa: chi sosteneva che dovesse essere tritata finissima perché si sciogliesse durante la cottura, sempre a fuoco basso; chi invece preferiva gustare il pezzetto di cipolla in bocca. Poi c'erano le salse di pomodoro pelato: quella senza semi; quella con qualche seme; quella cotta sul tegame con la cipolletta o con l'aglio intero. E infine la mia preferita: la salsa a crudo, con il pomodoro maturo a pezzettini e metà dei semi, aglio, olio, sale e pepe, lasciata a macerare per almeno tre ore in un tegame di terracotta messo al sole o tenuto all'ombra – secondo i gusti e la calura. Il basilico, cavalier servente del pomodoro, c'era sempre: certe volte un rametto aggiunto durante la cottura e tolto al momento di condire la pasta; altre volte soltanto foglie, che non si toglievano; poi c'era chi preferiva le foglie disposte sulla pasta condita, e chi invece le voleva aggiunte alla salsa, già cotta e a fuoco spento, subito prima di condire la pasta.

Naturalmente l'accordo sul menu del giorno, faticosamente raggiunto, poteva sempre essere rimesso in discussione dall'arrivo a sorpresa di verdure dall'orto, o dai regali di uova, pollame, conigli, piccioni. Allora si ricominciava da capo, con buon umore.

Mangiavamo carne una o al massimo due volte la settimana, e rarissimamente pesce: papà non permetteva che lo comprassimo dal pescivendolo ambulante che veniva dal villaggio con le sarde nelle coffe grondanti acqua, seguito da un nugolo di gatti, sostenendo che era avariato. Ma vedevo Maria e Mela leccarsi i baffi dopo una bella mangiata di sarde fritte e mi chiedevo perché papà me le negasse.

Nonostante ciò, con pochi ingredienti si riusciva ad avere pietanze variate e ottime; i piatti da portata erano presentati con cura e la tavola era impreziosita dalle belle tovaglie «da campagna» ricamate a quattro mani da mamma e zia Teresa, con il contributo del mio orlo a giorno sui tovaglioli e della fogliolina a punto erba sui fiori ricamati da mamma a punto stuoia, punto pieno, punto catenella.

Per darci l'illusione di mangiare i piatti a cui eravamo abituati durante il resto dell'anno, si ricorreva ai falsi. Quando padre Parisi veniva a pranzo di venerdì, la frittatona a forma di pesce, ripiena di fettine sottilissime di tuma o primosale e di patatine fritte, decorata con capperi e sottaceti era una meraviglia. Con patate bollite, erbe, aromi, tonno sott'olio e tanto limone si preparava un ottimo sformato che riproduceva la sagoma di un dentice. La finta trippa di frittatine gialle, tagliate in strisce sottili e condite con pomodoro pelato e uno spruzzo di parmigiano, era più gustosa della trippa vera. Gli spitini di tuma e acciuga sostituivano più che adeguatamente quelli di carne e béchamel. Ma la regina del falso era la melanzana, che rimpiazzava benissimo la carne in una quantità di piatti: oltre alle polpette, le melanzane producevano una quantità straordinaria di pietanze calde e fredde. Togliendo loro la buccia nera diventavano dolcissime ed erano ottimi ripieni di gâteau di patate e pasta al forno; bollite e poi messe sotto un peso per togliere l'acqua dalla polpa, con l'aggiunta di aglio, sedano e patate e condite con un filo d'olio e un po' di aceto, diventavano insalate squisite; usate come se fossero tocchi di carne vaccina, producevano cotolette alla milanese che ingannavano tutti gli ospiti. «Ma la vera 'morte' della melanzana», diceva mamma, «è la parmigiana».

Calda o fredda, la parmigiana di melanzane – che si prepara con il cacio grattugiato e non con il parmigiano, ingrediente entrato timidamente nelle nostre cucine dopo l'unità d'Italia e usatissimo a partire dal miracolo economico del dopoguerra – è il piatto più amato di casa Agnello, e meritatamente. Si prepara in tutte le nostre cucine, da Mosè a Victoria e da Palermo a Brixton.

# 18
## Comincio a cucinare

Pur risparmiando sulle spese, mamma non si negò mai il piacere di avere visite e ospiti – oltre alla famiglia stretta e all'altra, anche lei amatissima, Rosalia, la portinaia di Agrigento – e Mosè continuò a essere aperta ad amici e parenti; io ero diventata la sua assistente nei doveri di padrona di casa. Raramente eravamo meno di venti, incluse le persone di servizio. Quando Francesca si maritò con un falegname, nemmeno lei fu rimpiazzata. A Mosè erano rimaste Filomena, che si occupava delle pulizie, e Nora, la cameriera di zia Teresa, che badava ai suoi padroni e aiutava a servire a tavola. La presenza di mamma in cucina divenne ancora più necessaria. Zia Teresa le dava una mano, ma c'erano momenti in cui ambedue avevano altro da fare o desideravano stare in salotto con gli ospiti; io ero più che lieta di assumermi le loro responsabilità e di fare da sola quello che avevo imparato – per poco, dato che mamma non mi lasciava mai sola a lungo. Mi divertivo e non capivo perché Giuliana, che in inverno preparava con tanto piacere e successo le sue specialità – strudel, calamari ripieni e polenta con il ragù –, non si offrisse mai di aiutare. Né perché Maria in cucina venisse di rado, e Chiara e Gabriella, occupatissime con le bambole di cartone, non ci venissero affatto.

I lavori in cucina, ogni giorno diversi, erano sempre interessanti e spesso, dopo aver fatto quello che mamma mi aveva chiesto, rimanevo per imparare. Mi piacevano particolarmente i lavori preparatori: spennare polli e piccioni e poi passarli sulla fiamma per togliere le ultime penne – avevo già conservato le più belle per dipingere e fare maschere; dividerli in quarti ed estrarne le interiora, che era una vera e propria lezione di anatomia; tritare i resti di carne nella tritatrice di ghisa – pesantissima, assicurata con una morsa al bordo del tavolo di marmo – per le polpette. Pestare le spezie nel mortaio, poi – mi veniva facile, data la nostra maestria nel pestare –, sublimava il piacere dell'olfatto. E ancora: snocciolare le amarene ammorbidite nell'acqua; tritare la cipolla fina fina con la mezzaluna; pulire gli ultimi legumi dell'inverno, ovvero ceci, lenticchie e fagioli – non finivo di meravigliarmi della quantità di corpi estranei che andavano a finire nel fondo dei sacchi: pietruzze, pezzetti di spago, perfino chiodini.

L'attività del cucinare non era altro che un processo chimico che trasformava l'aspetto e il gusto dei cibi: la polpa biancastra della melanzana una volta fritta diventava bronzea; dopo aver cotto a fuoco basso per un tempo che mi sembrava interminabile, la béchamel solidificava a vista d'occhio e bisognava girare la paletta sul fondo del paiolo descrivendo un otto, freneticamente, per evitare che si formassero grumi; lo zuc-

146

chero appena inumidito, messo in un pentolino sul fuoco vivace, dapprima diventava una schiuma biancastra e si rapprendeva, poi, quasi all'improvviso, si tramutava in un liquido caramellato color cognac (per poco: se non lo si toglieva subito dal fuoco, il caramello, bruciato, sarebbe diventato nero e amarissimo). E poi gli odori: quello della noce moscata grattugiata sulla béchamel era opulento, quelli della maggiorana e del timo aggiunti allo spezzatino, intensi e muschiati.

Imparavo ogni giorno piccoli accorgimenti. Un filo d'olio era prezioso in qualsiasi frangente: «rinfrescava» i resti e le verdure cotte in anticipo, ancora tiepide, esaltandone gli odori; faceva «rinvenire» lo sfincione da riscaldare; trasformava in squisite pizzette le fette di pane raffermo bagnate in acqua e latte, coperte di pomodoro pelato, pezzetti di tuma e con un nonnulla di sale pepe e origano, e poi passate velocemente nel forno caldo. In quantità più abbondante, rendeva appetitose le patate bollite e sbucciate che si servivano a cena.

Preparare i dolci mi dava molta soddisfazione. Ricordo quando mamma e zia Teresa insegnarono a Maria e a me a fare i pasticciotti di pasta frolla con il ripieno di amarena: il nostro primo dolce. L'avevano organizzata per bene, questa iniziazione, e avevano preparato due dosi da impastare in tempi diversi, per darci la possibilità di fare la pasta frolla due volte e imparare meglio ripetendo la procedura. Gli ingredienti già pesati – e, nemmeno a dirlo, ciascuno nel proprio piatto – erano disposti in fila sulla balata di marmo sotto la finestra che incorniciava, come in un quadro, la campana della chiesetta. Non ricordo l'impastata, ma ricordo l'arcano dell'infornata nella scatola di metallo nero sul fornello della cucina moderna – che mamma e zia Teresa preferivano al forno della cucina vera e propria – e il profumo dapprima pastoso, poi croccante, che ne usciva ogni volta che si apriva lo sportello per controllare la cottura. Poi, la commozione nel veder tirare fuori i nostri pasticciotti lucidi e dorati.

La cucina a Mosè non era soltanto il posto in cui si preparava da mangiare, ma anche la fucina dei lavori di conservazione dei prodotti estivi per l'inverno. Sulla terrazza della cucina, esposta a sud, erano messi a seccare i pomodori, tagliati a metà e privati dei semi, e l'estratto di pomodoro. Accanto, ciascuna poggiata su una sedia e coperta da un velo di tulle, le ciotolone smaltate in cui le amarene sciroppate cuocevano al sole. Il riposto era fresco e all'ombra; vi erano lasciati ad asciugare pomodori attaccati alla pianta e grappoli d'uva, appesi ai ganci delle mensole più alte, come festoni. E poi si preparavano i concentrati come il «vino» cotto, ingrediente essenziale dei dolci di Natale e bevanda per i malati; la cotognata nelle formette di terracotta smaltata; la frutta e gli ortaggi conservati in burnìe, sott'olio o sotto spirito; la salsa di pomodoro imbottigliata e poi bollita; le pesche sciroppate. Anche la conservazione della frutta da consumare richiedeva un costante lavoro manuale. Nella calura, pere, pesche, susine, azzeruole, uva e fichi si deterioravano velocemente se lasciati nei cesti: bisognava dunque togliere i frutti avvermati o in parte ammuffiti e disporli in un solo strato su vassoi di legno coperti da vecchie tende di tulle, al riparo dalle mosche e dal sole; poi toccarli velocemente, uno per uno, per controllarne il grado di maturazione e togliere quelli che, ben maturi la mattina, nel frattempo erano diventati marci. La frutta bella matura si sceglieva per la tavola, quella molto matura per dolci e succhi, e quella sfatta per le galline. Nonostante ciò, i vermetti erano di casa anche nella nostra fruttiera. Dal momento che a tavola dovevamo comportarci bene e mangiare la parte buona, a volte mi privavo di certe pesche grosse e profumatissime, con la buccia vellutata e la polpa rosa, perché vedevo il buchetto del verme e mi faceva impressione trovarcelo dentro.

Mi piaceva anche lavare gli utensili e i piatti usati da me nella preparazione delle pietanze e, soprattutto, dei dolci: prima, leccavo spatole e cucchiai; col dito tiravo su i rimasugli di crema da ciotole e paioli; grattavo via dalla teglia i resti di pandispagna e li raccoglievo con la lingua, come i gatti. In realtà, tutti i lavori grossolani mi davano grande soddisfazione: scrostare pentole, griglie e teglie di biscotti con la spugnetta di ferro e stracci di sacco; pulire i lavelli; stricare le balate e lucidare le pentole di rame. Si usavano il bicarbonato e il sapone molle, che mamma comprava sfusi, la sabbia e, con parsimonia, la nuovissima polvere detergente basata su sintesi chimica, che si vendeva in scatola. Quasi quasi mi dispiacque quando venne da noi una nuova recluta, Lina, lontana cugina di Francesca e Filomena, quindicenne e appena più alta di me, che lavorava in cucina e stirava. Nora e Filomena continuarono a fare le stanze e si occupavano del servizio; dopo pranzo, poi, rigovernavano tutte e tre insieme. Sola per la maggior parte della giornata, Lina si faceva compagnia cantando. Non c'era lavoro che non accompagnasse con una canzone; le conosceva tutte, e non soltanto quelle tradizionali siciliane, anche quelle moderne, in italiano, del Festival di Sanremo: *Grazie dei fiori*, *Vola, colomba bianca, vola* e *Il bosco innamorato*. Filomena non aveva simpatia per la cugina e la prendeva in giro: «Canta, canta, ca ti veni lu zito!». Nora la guardava scettica, disillusa: anche lei, un tempo, aveva sognato l'amore.

Mamma trattava Lina in modo diverso dalle altre persone di servizio: tollerava il modo di fare ruvido, le dimenticanze e perfino le manchevolezze. Certe volte rimediava lei il lavoro malfatto, anziché farglielo ripetere. Ogni mattina Lina preparava una pignatona di salsa di pomodoro – quella passata, cotta con aglio tritato e olio – e puliva almeno un chilo di cipolle, sempre presenti nelle pietanze di Mosè. Mamma aveva la pressione bassa e rimaneva in camera fino a mattinata inoltrata; in attesa di sapere che cosa si sarebbe mangiato, e prima di andare a fare le cose mie, io andavo in cucina per vedere cosa avevano portato i contadini. A volte trovavo Lina in lacrime; facevo finta di niente e poi riferivo a mamma. Dopo un po' Lina smise di lacrimare; non mi chiesi il perché.

Una mattina, verso le undici, passando dall'anticucina la vidi intenta a stirare – un lavoro solitamente riservato al pomeriggio. Notai con un certo fastidio che mi seguiva con la coda dell'occhio, come se non volesse che entrassi in cucina.

Gli scuri erano accostati; dai vetri filtravano due fasci di luce forte come il fuoco. Seduta al tavolone di marmo centrale, zitta zitta mamma tagliava la cipolla, le guance inondate di lacrime. «Che fai?».

Mi spiegò, con un certo imbarazzo, che tagliava la cipolla per Lina, di nascosto perché non se ne accorgesse Filomena, che altrimenti l'avrebbe presa in giro. Mi offrii di farlo io, che portavo gli occhiali e dunque avrei pianto meno, ma mamma non ne volle sapere: «È una cosa tra noi due».

# 19
## I dolci dell'estate

Tra il 22 luglio e il 19 agosto nella nostra famiglia si festeggiavano i compleanni di mamma, zia Teresa, Silvano e Chiara, e due onomastici: santa Chiara e sant'Elena. In quelle occasioni veniva a pranzo zio Peppinello con la giovane moglie, una romana altissima che non disse mai una parola scortese, e i due cuginetti, Paola e Fabrizio, molto più giovani di noi. Nonostante zia Annamaria piacesse a tutti, facevano vita a parte e non dormirono mai a Mosè; forse la zia in campagna si annoiava. I compleanni degli adulti si festeggiavano con un buon pranzo e un dolce di capriccio, spesso il biancomangiare. Silvano e Chiara avrebbero voluto la torta al cioccolato con sopra il caramello – il dolce tradizionale dei compleanni di casa Giudice, che, ricco di una crema di burro con albumi montati a neve, doveva essere tenuto in frigorifero fino al momento di essere servito e dunque non era adatto alla stagione calda – ma si accordavano con una torta gelato.

Il biancomangiare era uno dei miei dolci preferiti. Ci volevano due giorni per prepararlo – le mandorle dovevano stare a mollo dodici ore, né più né meno, e si faceva ad agosto per usare le mandorle avanzate dall'anno precedente. Mamma lo preparava con piacere. Quando era pronto per essere sformato, mi mandava a raccogliere foglie di vite tenere e piccine; se non ce n'erano, ripiegavo su quelle di edera. Poi, insieme, ne sceglievamo un mucchietto di grandezza simile, le lavavamo per bene e le asciugavamo con un panno. A volte le lucidavamo con un velo di olio. Infine, le disponevamo sul vassoio da portata e io aspettavo che mamma capovolgesse in mezzo a ciascuna foglia una delle tazzine da caffè che usava come stampo. Era un lavoro delicato, che andava fatto sedute al tavolo di marmo. Osservavo attenta mamma che prendeva la tazzina e palpava il biancomangiare per controllare che fosse abbastanza sodo. Poi toccava il bordo con il dito medio e staccava appena appena il biancomangiare dalla porcellana; ripeteva lo stesso procedimento fin quando era soddisfatta. Solo allora prendeva una foglia, la posava sulla tazzina facendo attenzione a centrarla e la capovolgeva. Una scossa e il biancomangiare cadeva perfettamente in mezzo, lucido come un uovo sodo, pronto per essere decorato da me. Su quelle bianche montagnole tremolanti spargevo un velo di cannella e poi vi grattugiavo sopra il cioccolato nero. Quando erano tutte pronte, mamma aggiungeva un pistacchio sbucciato – lo metteva nel mezzo, in piedi, con meticolosità straordinaria. Candido, ma decorato di bruno, di nero e di verde brillante, servito sulla foglia scura e lucida, il biancomangiare era un trionfo per gli occhi, prima ancora che per la gola. Si mangiava a piccoli bocconi con i cucchiaini da caffè, la foglia nel cavo della mano.

L'altro dolce di piena estate era il gelo di mellone, ovvero di anguria. Mi piaceva spremere la polpa con le mani, pigiarla contro la superficie bucherellata del vecchio passapomodoro di alluminio – una specie di grattugia senza denti – e ascoltare il gocciolio del succo sul metallo; spremevo fin quando in pugno non mi rimaneva altro che un malloppo di fibre e semi neri – una leccornia per le galline di Rosalia. Il gelo veniva versato a strati nelle coppette, solitamente di vetro o di cristallo per far risaltare i suoi colori forti. Quadratini di cioccolato fondente, tagliati grossolanamente sul tagliere, erano posati su ciascuno strato di crema; quando il gelo era ancora tiepido e appena solidificato, lo decoravo conficcando fiori di gelsomino sull'intera superficie della coppa, seguendo disegni geometrici o semplicemente sparpagliandoli. Rosso, nero e bianco, il gelo di mellone mi pareva un dolce per gli dèi.

# 20
## Le ospiti anziane

Mamma e zia Teresa amavano la compagnia delle donne anziane che erano state amiche di nonna Maria. Mi piaceva ascoltare le loro conversazioni, che spesso avevano per argomento i tempi antichi e i ricordi della nonna, morta quando avevo un anno ma della quale tutto mi era familiare, anche la fisionomia: di lei c'erano un busto di gesso nel salotto di giù, un quadro nell'altro salotto, un ritratto a matita in camera di mamma e due fotografie sui comodini di mamma e di zia Teresa; mi sembrava molto triste e non tanto bella.

A sentire quelle donne, nonna Maria aveva posseduto tutti gli attributi possibili e immaginabili: non solo bella, ma anche brava, saggia, oculata e divertente, suonava il pianoforte come una concertista, aveva la classe di una regina, cuciva come una sarta fine, ricamava come una monaca di clausura e cucinava dolci squisiti. Per mamma e zia Teresa era la perfezione, e quanti l'avevano conosciuta – in testa, le due Rosalie: la portinaia del palazzo di Agrigento e la moglie del campiere di Mosè – erano d'accordo con loro.

Amatissima da tutti e accanita giocatrice di canasta,

Giuseppina – la cui famiglia un tempo era stata inqui-
lina dei nonni ad Agrigento – era l'amica storica di casa Giudice. Venne ogni estate, fin quasi all'età di no-
vant'anni. Maggiore di zia Teresa di dieci anni, era rimasta zitella in seguito alla tragica fine della sua storia d'amore. Il fidanzato aveva scoperto di essere tisi-
co e, poiché temeva di contagiarla, proprio perché l'a-
mava aveva fatto di tutto per portarla a rompere il fidanzamento. Giuseppina, con il cuore infranto, aveva
lasciato Agrigento assieme alla madre e alla sorella, ambedue malate, per trasferirsi dal fratello a Roma. Intanto il giovane era guarito e aveva preso moglie. Lei
si era dedicata a curare la sorella e, dopo la morte di
lei, la madre. Di natura curiosa e castamente goderec-
cia, adorava il cinema e gli attori, che bramava di conoscere. Era un'attenta lettrice degli annunci funebri
e dapprima con qualche amica, poi, vinta l'innata timidezza, da sola, non mancava di partecipare ai fune-
rali di personaggi celebri del mondo dell'arte e dello spet-
tacolo. Fingendo di essere un'amica di famiglia, si in-
cuneava nella testa del corteo e camminava con passo
solenne, compunta e nerovestita, accanto ai suoi ido-
li, occhi sgranati e orecchie aperte. Ci raccontava,
compiaciuta, le sue incursioni in quello che a lei sembrava un mondo dorato. Diceva a mamma: «La Lollo-
brigida non è bella come te, Elenuzza mia, io l'ho vista da vicino più di una volta».

Sotto ogni altro aspetto Giuseppina era timidissima
e delicata; non esprimeva mai un desiderio. In vecchiaia
invece divenne golosa: dal momento che il medico le

aveva ordinato di non mangiare dolci la sera, a cena chiedeva a papà, che l'aveva alla sua destra, di tagliarle comunque una fetta di torta che la cameriera poi portava nell'anticucina. L'indomani mattina, l'avrebbe gustata con il primo caffè. Temendo che qualcuno la trovasse prima di lei e se la mangiasse, Giuseppina insisteva perché Chiara o io ci accertassimo che fosse ben nascosta, e in luoghi sempre diversi. La accontentavamo, perplesse ma obbedienti: per la prima volta, vedevamo una persona anziana regredire all'infanzia.

Zia Concettina, lontana parente acquisita, i suoi desideri invece li esprimeva, anche quando nessuno glielo aveva chiesto; ma lo faceva sempre con signorilità. Sua madre, l'ultima di una nobile famiglia decaduta, aveva sposato un nuovo ricco che purtroppo aveva assunto con indecente foga i tratti peggiori dei nobili: riceveva spagnolescamente e spendeva senza criterio, finché si era impoverito. La zia fu maritata a un parente di mamma con il labbro leporino; il matrimonio non andò bene, si diceva che lei avesse avuto una tresca con un cognato. Il marito comunque se la tenne, a condizione che alla maggiore età del figlio minore lasciasse la famiglia per andare a vivere sola in un appartamento di cui lui le avrebbe pagato l'affitto, dandole in più quel tanto che le serviva per vivacchiare con dignità. Spendacciona come il padre, la zia fece un mucchio di debiti; le amiche, che le volevano molto bene, si misero d'accordo e le compravano i vestiti, la invitavano a pranzo e le pagavano le spese mediche.

Sfidando le critiche di certi parenti, mamma la invitava ogni anno per due settimane. Zia Concettina era amata da tutti noi. Aveva un'indole solare e godeva di tutto; anche dei temporali estivi, scroscianti e dannosissimi alle colture – «Che bel pioggione!». Attenta a prevenire situazioni imbarazzanti, era la prima a cambiare argomento quando percepiva tensioni, che purtroppo spesso le sfuggivano. Mi piaceva tutto di lei, dalla semplice saggezza del suo parlare nisseno, scandito dagli scatti della dentiera – la prima che avessi mai visto –, al suo modo di combinarsi. Pingue e piuttosto alta, aveva un bel portamento e capelli ricciuti tinti di un nero corvino che le induriva i lineamenti, già provati dall'enorme naso aquilino. Le sue labbra mi affascinavano: si ritoccava continuamente il rossetto, come fosse stato burro di cacao, senza guardarsi allo specchio, con il risultato che la sua bocca a cuore era sempre sbavata e irregolare. Quando tirava fuori l'astuccio dalla trousse mi offrivo di portarle uno specchio. «Grazie, non c'è bisogno», diceva lei, «alla mia età conosco la mia bocca a memoria!».

Esprimeva i suoi desideri culinari con irresistibile eleganza. Una sera eravamo sulla terrazza, l'aria era tiepida. Tutto a un tratto, un colpo di vento portò dal cortile un'ondata di profumo di gelsomino, forte, dolcissimo. «Elenuccia cara, il gelsomino ti chiama, è in piena fioritura, ha bisogno di te! E tu di lui, ho visto dei bei melloni d'acqua in cucina!».

Poi sentii qualcosa sui capelli; era l'imbrunire, e alzai gli occhi temendo che fosse una farfalla nera, o addirittura un pipistrello. Invece erano le dita grassocce di zia Concettina che mi carezzavano la testa: «Domani tu e io ci faremo una bella scorpacciata di gelo di mellone!».

Mamma e zia Teresa amavano stare in casa: scendevano in cortile raramente e ancor più di rado varcavano il portone di ferro; quando avevano ospiti, invece, le portavano ogni pomeriggio a fare una passeggiata fino ai Pali. Andavano a piccoli passi, a braccetto, a due a due. I cani della fattoria, che riconoscevano mamma come padrona, le raggiungevano scodinzolando. Alcuni correvano avanti e poi si fermavano ad aspettarle, gli altri le seguivano. Non erano i soli animali ad aggregarsi. A uno a uno, tutti i gatti, inclusa la nostra Micia, spuntavano da dietro i cespugli, balzavano a terra dai rami degli alberi e si univano alla passeggiata, talmente vicini alle immancabili scarpe con i tacchetti da farmi temere che qualcuna potesse inciampare. In quella formazione, donne e animali avanzavano lenti lenti, dondolandosi, soffermandosi a guardare una pianta, a raccogliere un fiore di campo o un fico da un ramo sporgente sul viale, ad ammirare il panorama; raggiunti i Pali, il corteo faceva dietrofront e ritornava verso casa.

Luigi, che tutto aveva sott'occhio, le raggiungeva sulla via del ritorno; con Stella a lato, anche lui teneva il loro passo lento chiacchierando amabilmente con le signore.

# 21
## Topi e pipistrelli

L'estate del 1957 portò due grandi cambiamenti.

Il primo fu che a Mosè arrivò, a bordo della jeep, un televisore. La Rai aveva appena tre anni: le trasmissioni cominciavano nel pomeriggio e dopo poche ore venivano sospese per riprendere la sera. Era semplicemente meraviglioso: attraverso onde invisibili, le immagini trasmesse venivano scomposte e ricostituite proprio a casa nostra, nel salotto accanto alla sala da pranzo, sullo schermo di vetro di uno scatolone di legno e metallo. Spesso invitavamo i figli dei contadini a vederla. Vennero tutti, anche i più piccoli, vincendo ritrosia e timidezza. Molti di loro non erano mai entrati in casa nostra e si sedevano a guardare tutti compunti. La prima volta Pepi, un bambino di non più di cinque anni, secondogenito di Giovannina – capelli e occhi nerissimi e seri, molto intenso –, al momento di andare chiese a Silvano: «M'u duni un pupu?». E volle conto e ragione del fatto che «'u pupu» viveva dentro la scatola del televisore e dunque non potevamo darglielo, nemmeno per un momento.

Chiara e Gabriella guardavano i programmi che piacevano a loro, e poi se ne andavano. Io seguivo tutto:

12. Con Chiara e mamma in salotto, davanti al camino, 1951.

gli sport, le trasmissioni per bambini, *Carosello* e, ogni giovedì sera, il programma più famoso: *Lascia o raddoppia?* In campagna, i grandi la televisione la guardavano poco: gli spettatori più assidui erano gli uomini, secondo me per evitare il ciarmulio delle donne in terrazza. Ma il mondo, per me, adesso era a portata di mano. Mi sedevo davanti allo schermo, il più vicino possibile, con il mio ricamino in mano: ma non riuscivo a portarlo avanti, ipnotizzata com'ero da quello che succedeva sullo schermo, persino durante gli intervalli tra una trasmissione e l'altra. Lunghi e tediosi. Greggi silenziose – non un belato, noiosissima musica classica in sottofondo – si alternavano a vedute delle rovine di Paestum; talvolta, invece, le pecore brucavano tra le colonne dei templi simili a lombrichi – in ogni caso le guardavo sempre, anche loro.

La seconda novità fu che, essendo alle soglie dei tredici anni, non ero più costretta ad andare a letto subito dopo cena. Potevo rimanere con i grandi in terrazza, anche se non a lungo: prima o poi uno di loro mi diceva che era tardi – volevano parlare di cose che non potevo sentire, pensavo. In genere si formavano due gruppi: quelli che preferivano chiacchierare o tacere, guardando il panorama notturno, e quelli che giocavano a carte. Preferivo il gruppo dei non giocatori, formato dagli uomini e dalle donne più giovani. Con l'eccezione della lampada che faceva luce sul panno verde del tavolo da gioco, la terrazza era illuminata soltanto dal chiarore della luna. La vallata di fronte a noi e le colline che la chiudevano erano immerse in un buio pesto, interrotto ogni tanto da fari di automobili solitarie che passavano sullo zigzag della statale 115: le guardavamo sparire dietro una curva per riapparire poco dopo. Il rumore dei motori, da lontano, ricordava il ronzio dei calabroni. Quando, di rado, si incrociavano due auto, lo spegnersi e il riaccendersi degli abbaglianti sembravano piccole esplosioni.

Erano serate pacifiche e maestose; il silenzio sonoro della campagna induceva un torpore che avrebbe potuto trasformarsi in sonno, se il mio orgoglio lo avesse permesso. Zio Peppino invece si assopiva tranquillamente, e così anche zia Annina, che a volte ronfava addirittura. Nonno guardava fisso le stelle. Io mi tenevo sveglia cercando di individuare le farfalle notturne, nere, lucide e grandi, che calavano dall'alto e svolazzavano attorno a noi, risalivano nel buio e poi, attratte dalla luce, convergevano sul tavolo da gioco. Le incaute che si avventuravano dentro il portalampada smaltato bruciavano e cadevano a terra sbattendo i monconi di ali in una danza spasmodica.

Talvolta, però, la quiete della notte degenerava in caos – per colpa delle bestiacce, come mamma chiamava anche topi e pipistrelli, includendoli nella nefanda categoria a cui appartenevano già cimici e insetti che pungevano. In campagna i topi abbondano e mamma, come tutti i Giudice, ne aveva paura. Ce n'era uno in particolare, un topolino grigio di casa, che ogni sera passava lungo la ringhiera della terrazza – una sola volta, sempre nella stessa direzione. Rallentava e guardava le persone sedute; poi guizzava via e si nascondeva nel glicine. Mamma le aveva tentate tutte con lui: trappole, veleno e perfino la colla. Quello però non assaggiava nulla e sembrava avere un sesto senso che gli permetteva di evitare le zone vischiose. Mamma allora fece appostare Filomena in agguato dietro la persiana con la scopa in mano: non fu mai veloce abbastanza da infliggergli il colpo fatale. Alla fine, all'ora del passìo dell'impudente roditore mamma si prendeva Micia in braccio, ma lei continuava a fare le fusa e lo guardava ipnotizzata; non fece mai il benché minimo tentativo di acchiapparlo, anche quando fu tenuta a digiuno una giornata intera: il topolino passava indisturbato. Così, mamma, zia Teresa e zio Giovanni la sera sedevano accostati al muro, lontano dalla ringhiera, in controllata tensione, e solo dopo che il topolino aveva fatto la sua comparsa si spostavano dove volevano. Ma se un topo si infilava in casa perdevano qualsiasi ritegno.

Zio Giovanni, in particolare, era capace di saltare su una sedia e rimanervi finché le cameriere e i contadini chiamati in soccorso non avessero braccato e ucciso l'abominevole intruso a colpi di crozza e bastone. Mamma e zia Teresa, più contegnose ma non meno spaventate, stavano vicine in un angolo, gli occhi fissi sull'ultimo posto in cui era stato avvistato il nemico. Papà li prendeva in giro, ma non partecipava alla caccia al topo: aveva paura, e la nascondeva bene.

Anche lui, che era coraggioso, aveva una fobia: i pipistrelli. Questi antichissimi mammiferi, le cui zampe anteriori si sono trasformate in ali, si nutrono di insetti e in particolare di zanzare – il che avrebbe dovuto renderceli graditi. Invece i topi volanti, com'erano chiamati, erano talmente brutti e viscidi da fare impressione a tutti, persino a papà. Io non ne avevo paura. Temevo soltanto i serpenti, ma di serpenti dentro non ne vennero mai.

La casa di Mosè era ben ventilata e fresca; eppure, certe sere la temperatura era torrida e l'aria molle. Per creare una sia pur debole corrente aprivamo tutti i balconi della sala da pranzo, che formavano dei canali troppo comodi e interessanti per non attrarre i curiosissimi pipistrelli. Una volta entrati, perdevano il senso dell'orientamento, si confondevano e non riuscivano più a venire fuori. Svolazzavano di qua e di là squittendo per la sala da pranzo e il salotto – divisi da una grande apertura ad angoli retti – cercando di orientarsi attraverso l'eco, ed erano davvero orribili. Ma c'era di più. In famiglia si credeva alla diceria secondo cui se le zampe fossero arrivate a toccarci i capelli vi sarebbero rimaste incollate: a quel punto, l'unico modo per sbarazzarsi del pipistrello era ucciderlo mentre se ne stava aggrappato lì.

Le donne si coprivano la testa con le sciarpe e le mantelline che tiravano fuori ogni sera, gli uomini erano in difficoltà. Papà, che vuciava più di tutti, si acconciava con il fazzoletto di batista svizzera, a cui faceva un nodo a ciascun angolo; non contento, senza muoversi dalla poltrona lanciava ordini incoerenti agli sfortunati contadini che erano stati svegliati per dare la caccia ai pipistrelli.

Le prime volte ne fui disturbata. L'amatissimo papà, bello e forte, sprofondato nella poltrona con un fazzoletto a coprirsi i capelli, era ridicolo, come del resto lo era zio Giovanni, mio padrino di battesimo, appollaiato in precario equilibrio su uno sgabello – 'nsamai un pipistrello volasse radente il pavimento, o fosse entrato anche un topo – e con un tovagliolo in testa. Ma a che scopo poi, mi chiedevo, visto che era completamente calvo?

Mi venne il dubbio che il vero motivo per cui i grandi mandavano a letto presto noi bambini fosse che volevano ritardare il più possibile il momento in cui avremmo scoperto le loro debolezze.

# 22
## Fiori e spine

Agli inizi dell'estate dei miei tredici anni mi sentii potentemente sola e insicura a Mosè, per la prima volta. Quell'autunno ci eravamo trasferiti a Palermo, dove Chiara e io frequentavamo rispettivamente le scuole medie e il ginnasio alla scuola pubblica. Avevo fatto amicizia con alcune compagne e vedevo spesso i cugini primi di parte Agnello, tutti più vecchi di me, che vivevano nella casa dei nonni. Vedevo anche i cugini di papà. Il mio preferito era da sempre Francesco. Suo padre, l'amatissimo prozio Stanislao, chiamato zio Stanì, chiaro di capelli e alto alto, era un appassionato di cani e di animali domestici in genere; quando la casa di Mosè era stata ristrutturata aveva fatto dono a mamma di due coppie di oche: le discendenti starnazzano ancora oggi a chiunque – uomo o automobile – passi davanti al loro recinto, lungo la stradella.

Non bello, ma intelligente e curioso, Francesco trattava tutti con considerazione e rispetto – tutti, senza distinzioni di età o di ruolo, persino me che ero una bambina. Sua madre, zia Giovanna, molto simpatica e ricamatrice squisita, era diversa dalle altre donne di famiglia: alla vita domestica preferiva quella di società, l'opera e le conversazioni stimolanti. In questo lui le assomigliava: aveva un'ampia cerchia di amici di ogni età, classe sociale e fede politica, che sceglieva con gran cura – intellettuali che non soltanto amavano le arti e la cultura ma erano anche desiderosi di renderle accessibili ai più giovani. La sua più grande passione, comunque, era la musica sinfonica, a cui dedicò la vita e buona parte del patrimonio.

Nel 1955, quando aveva ventitré anni, Francesco fu sequestrato nella loro campagna, Savochello, non lontano da Siculiana; una caverna umida e buia fu per tre mesi la sua prigione. In quel periodo papà mi portò spesso in visita dagli zii: zia Giovanna fumava accanitamente e faceva un solitario dietro l'altro, zio Stanì era accasciato in poltrona con gli occhi bendati per via di un'infiammazione e non faceva che mormorare: «Francesco... Francesco»; ogni volta mi faceva promettere che avrei pregato per la sua liberazione, che avvenne l'8 dicembre.

Noi fummo i primi parenti a vederlo libero, alla questura di Agrigento. Ero eccitata, commossa. Lui era provato ma calmo. Ringraziò subito mamma per avergli mandato scarpe e abiti – gli cadevano addosso perché era dimagritissimo – e poi le disse di non provare rancore contro i sequestratori: «giovani sbandati» li chiamò, e li aveva già perdonati. Così, con semplicità. E con la stessa semplicità mamma mormorò: «È giusto che tu lo abbia fatto». Dopodiché, come se fossimo in salotto e non in una squallida stanza della questura, Francesco chiese a Chiara e a me come andava la scuola e se studiavamo musica. Da allora divenne il mio eroe.

Non lo rividi per mesi. Ma, dopo il nostro trasferimento a Palermo, un giorno fu consegnata in portineria una busta a mio nome: un abbonamento al loggione per la stagione sinfonica del Teatro Biondo, che ricevetti ogni anno finché non mi diplomai.

Sapevo che la mafia non sequestrava le femmine e dunque non temevo né per me né per Chiara. Ma ero preoccupatissima per Silvano, e tenevo le orecchie tese per carpire brandelli delle conversazioni dei grandi, che davanti a noi avevano ripreso a comunicare in codice.

Iniziavo a interessarmi ai ragazzi, che però erano pressoché irraggiungibili: andavamo e tornavamo da scuola accompagnate da Paolo, in automobile o a piedi, e non avevo il permesso di uscire da sola nemmeno con le amiche – quando andavo al cinema con loro il sabato pomeriggio ero sempre scortata da Giuliana o da Paolo, che sedevano con le altre governanti nella fila dietro la nostra. Alle feste da ballo non sarei andata fino ai sedici anni. Pian piano, tuttavia, alcune delle restrizioni si erano allentate: potevo ricevere telefonate anche da ragazzi e talvolta uscivo con Maria e Gaspare senza lo chaperon. Quell'estate avrei desiderato rimanere a Palermo per fare i bagni a Mondello con loro o con le amiche, che già chiamavo pomposamente «la mia comitiva». Ma dovevo andare a Mosè e basta, papà e mamma erano stati chiarissimi. Così avevamo lasciato Palermo subito dopo la chiusura della scuola e vi avremmo fatto ritorno soltanto due giorni prima che la scuola ricominciasse, alla fine di settembre.

«Mi annoio», mi lamentavo con mamma.

«Una persona intelligente non si annoia mai», mi ricordava lei, e io non sapevo che risponderle.

La televisione mi annoiava. Sentivo la mancanza di Maria. Ora più che mai, era il mio idolo: diciassettenne, bionda e bella, era dolcissima – con me e con tutti gli altri. Gabriella veniva con noi, ma il resto della sua famiglia sarebbe arrivato dopo Ferragosto e per poco. Silvano, ormai provetto guidatore, passava il tempo nella Seicento su e giù lungo la stradella, e mi annoiavo a fargli da passeggera. Pietivo con papà per andare al mare, invano. Mi sentivo prigioniera. Fu allora che mamma mi offrì un mucchio di libri e mi permise di leggere quelli che volevo. E così finì la noia. C'era di tutto, dai grandi romanzi dell'Ottocento – Tolstoj, Balzac, Flaubert, Maupassant, Dickens, Zola, Verga –, alle poesie – Villon, Foscolo, Leopardi, Gozzano –, ai libri d'arte. Mi rintanavo nello studio e quando avevo gli occhi troppo stanchi per continuare a leggere riemergevo da quel mondo immaginario con una gran voglia di vedere e creare cose belle.

Disporre fiori in casa, un vecchio compito spesso negletto, divenne una vera passione. Da tempo Urso era andato via e nessuno si occupava regolarmente del giardino; le aiuole del cortile erano annaffiate da Puma, le altre da chi capitava: mamma, Luigi, uno dei garzoni. Raccoglievo con parsimonia i pochi fiori disponibili: rose, zinnie e tanto gelsomino. Armata di cesoie, e con un cesto capiente al braccio, giravo per la campagna alla ricerca di rami verdi e secchi da disporre nei vasi. Pensavo ancora a quello che avevo letto,

e quasi d'istinto cercavo fronde, erbe e fiori selvatici
che avessero qualcosa di bello, di inconsueto, o perfino di bizzarro, come rami secchi con tantissime luma-
chine incollate sopra, a mo' di boccioli. La trazzera dopo i Pali era piena di piante interessanti: sui bordi e
tra le pietre dei muretti crescevano il finocchiello selvatico – molto alto, dalle foglie slanciate e dai fiori gialli a ombrello, che al primo tocco emanavano un profumo caratteristico e pungente –, il malvone – solitario, dai lunghi rami e dai fiori rosa e purpurei riuniti
su una lunga infiorescenza a spiga, come un pennac-
chio – e tanti altri arbusti che per la maggior parte diventavano spine. Fino a giugno c'erano l'aglio selvatico, dal fiore a ombrello di un rosa delicatissimo, e i
gladioli illirici – gambi lunghi, foglie lanceolate e fiori arancio sospesi su un lato della spiga inclinata –, di
grande effetto nei vasi a bocca stretta. Ma in piena estate le piante ancora verdi erano molto sofferenti. Il fio-
rellino a calice bilabiato della salvia selvatica era appena visibile; al minimo tocco, foglie argentate e petali emanavano un profumo disperatamente intenso.
Mi veniva in soccorso l'acanto, che cresceva tra le radici esterne degli olivi saraceni. Le foglie spinose,
esattamente come quelle dei capitelli corinzi, sembravano vive e vegete, ma erano scheletrite, e così i petali bianchi screziati di nero del bellissimo fiore a spiga, molto appariscente. Li usavo per riempire i vasi delle credenze della sala da pranzo, accoppiandovi i fiorellini bianchi e pelosi della piantaggine. I pennacchi
di fiori di acanto, frammisti a tralci di vite e rami di

olivo, erano bellissimi nel grande vaso blu a boccia sopra il pianoforte. Le spine erano altri sostituti dei fiori freschi. I calcatreppoli – gialli come l'oro, gambi pungenti, fiori piccoli con corolle purpuree –, il cardo mariano – un unico grande fiore rosso con petali cuneiformi –, il cardo bianco – fiorellini grigio-viola – e il carciofo selvatico dal fiore amaranto, il più bello dei cardi selvatici, si maritavano perfettamente con i lunghi tralci di edera che attorcigliavo sul loro stelo o che lasciavo ricadere fino a lambire il ripiano lucido del tavolo, su cui si riflettevano. Talvolta vi aggiungevo un singolo ramo di gelsomino o di citronella. Raccogliere le spine era un'impresa rischiosa: le più belle spuntavano tra le pietre. Mi inerpicavo facendo attenzione a non scivolare e a proteggermi dal cocomero asinino, che sembrava avesse scelto di ergersi a loro guardiano. Bastava che ne sfiorassi i frutti pelosi perché esplodessero, sparandomi addosso un vischioso liquido bruciante che mi faceva davvero male, a lungo. A volte le spine mi entravano nella carne; Giuliana me le toglieva dalle gambe e dalle braccia con la pinzetta e mi rimproverava: oltretutto, a lei non piaceva avere in casa tutte quelle spine. Mamma invece ne era contenta, e lo era ancora di più quando gli ospiti ammiravano le mie composizioni floreali, che in verità di fiori ne avevano ben pochi.

Mamma aveva bisogno del bello. Mi incoraggiava a preparare i centrotavola. Mi insegnava a decorare le pietanze usando quello che c'era: fettine di limone, prezzemolo tritato e a foglie, basilico, olive, uova sode tagliate a fette o a spicchi, capperi, acciughe. Quando preparava le melanzane alla parmigiana faceva in modo di sovrapporre le fette dell'ultimo strato secondo un disegno preciso, simmetrico, e poi ci versava sopra un filo d'olio. «L'olio di Mosè conza un piatto», sussurrava, e sembrava che trattenesse una risatina compiaciuta.

Con altrettanta cura disponeva sul piatto da portata, in cerchi alternati, patate, cipolle e zucchine ripiene. Sceglieva le ciotole, le insalatiere e i servizi da tavola e da dolce che, per similitudine o contrasto, meglio si adattavano a quel che avrebbero contenuto. «Tutti gli accostamenti vanno bene, purché ci sia una certa armonia», mi diceva. Quando c'erano ospiti a pranzo, lei e zia Teresa si consultavano sulla tovaglia da usare e ne discutevano a lungo. Spesso la scelta dell'una cadeva sulle tovaglie ricamate dall'altra, e viceversa; invariabilmente, si complimentavano a vicenda: «Teresù, che puntini piccoli in queste corolle!» diceva mamma, e ammirava i mazzetti di fiori ricamati dalla sorella. «Oggi non ce la farei, non ho più la vista di prima!» sospirava quella, subito interrotta da un: «Figurati! Ma se il bavaglino che stai ricamando ha punti ben più piccoli di questi!». Quando tiravano fuori dal cassetto le grandi tovaglie di lino bianco a traforo appartenute a nonna Maria, passavano le dita sui ricami, pensose, e non dicevano parola. Le loro teste chine sulle tovaglie si muovevano all'unisono; portavano ambedue i capelli corti: quelli sale e pepe di zia Teresa erano lucidi, ondulati e immancabilmente in ordine, mentre i capelli castani di mamma, sottilissimi e anch'essi ondulati, giravano come volevano loro. Scelta la tovaglia, bisognava decidere il servizio di piatti. Ne avevamo molti, nessuno dei quali completo. Ricordo quelli celesti e rosa, di moda nel dopoguerra, e il mio preferito, vecchio, di porcellana lucida e bianchissima con tralci verde smeraldo e boccioli di un fiore simile alla fucsia, di un rosa intenso con sfumature arancio, che proveniva da una campagna chiamata Cannameli, dove non ero mai stata. Quando si serviva la parmigiana facevo di tutto per far mettere a tavola quello: il nero delle melanzane, il rosso bruciato della salsa di pomodoro e il verde del basilico armonizzavano a perfezione con il decoro. Incorrevo così nella aperta disapprovazione di Filomena, che avrebbe voluto usare i piatti celesti e rosa. Ma a me la parmigiana sembrava perfino più gustosa, mangiata in quel vecchio servizio. Anche se nessuno, nemmeno mamma, lo notò mai.

# 23
## Le raccolte

Anche quando non mettevamo il naso fuori di casa, le nostre giornate erano scandite dai lavori dei campi. Se ne parlava la mattina e a tavola. Papà assisteva alla trebbiatura dall'alba al tramonto e manteneva una presenza più o meno costante alla vendemmia – meno alle raccolte delle mandorle, dei pistacchi e del cotone. A casa, i grandi seguivano i lavori dalla terrazza e dai balconi, con i binocoli; tutti insieme, all'imbrunire aspettavamo l'arrivo in fattoria del trattore con il rimorchio carico del raccolto; e poi osservavamo attraverso le stecche delle persiane, per non essere visti, i camion degli acquirenti che si portavano via i prodotti, dopo la laboriosa pesatura presidiata da Puma.

Quando si trebbiava tornavo bambina; lasciavo le letture e i lavoretti di casa e andavo nei campi con Silvano, Chiara e Gabriella. L'enorme trebbiatrice, rumorosissima, sbuffava ansimante e creava un pulviscolo irrespirabile, ma l'effetto di quell'inferno era miracoloso: in quattro e quattr'otto, le spighe diventavano chicchi di grano.

Ad agosto c'erano bei temporali estivi: il cielo

gonfio d'acqua si rummuliava e poi spuntavano i lampi, seguiti dal rombo del tuono. Mamma e Rosalia avevano paura dei lampi. Ciascuna nella propria casa, seguivano una routine simile: mamma si raccoglieva attorno noi bambini e si rifugiava nella stanza buia – quella degli armadi, accanto al suo bagno – o, se ci ribellavamo o se era sola, stava distesa sul letto, coperta da coltri e cuscini; Rosalia metteva addirittura la testa sotto il materasso. La campagna, bagnata dopo mesi di siccità, essudava tutti gli odori soffocati dalla polvere; i rami delle piante rinsecchite portavano l'acqua ai fiori rachitici, che rispondevano con umide ondate di profumo; i babbaluci uscivano da sotto terra: quelli in letargo sugli steli rompevano la pellicola che otturava la chiocciola, pronti a tritare con la potente dentatura quanto di verde fosse spuntato.

Noi guardavamo fuori dalle finestre della sala da pranzo, mute. Aspettavamo che papà ci desse notizie: quei pioggioni – come li chiamava tutta contenta zia Concettina, che amava la pioggia – rischiavano di far cadere «il tendone», ovvero le tettoie del vigneto, e se non si era ancora vendemmiato l'intera produzione sarebbe andata perduta. Non osavamo goderci il bel temporale. Una volta papà era appena rientrato a casa, bagnato come un topo, e funereo: era successo, il tendone era caduto. Si mise al balcone e non apriva bocca, muto. «Che bel pioggione!» esclamò la zia. Lui le lanciò una taliata che avrebbe incenerito chiunque, ma non lei. Che gli sorrise, e aggiunse: «Domani magari potremo mangiare le lumache con la salsa!». E ritornò ad ammirare i lampi.

La vendemmia, fatta a mano, sarebbe stata più gradevole se non fosse stato per le vespe, impossibili da evitare. Le temevo. Tutti gli insetti e i moscerini di Mosè, incluse le terribili formiche pungenti, si fiondavano su mamma e su me: i loro morsi ci causavano enormi chiazze rosse e ascessi. «Hai il sangue dolce anche tu», si rammaricava lei, e raccontava che quando andava a nuotare a San Leone, da ragazza, appena si immergeva le campane delle meduse apparivano sul pelo dell'acqua, bellissime e palpitanti, per convergere attorno a lei, lente lente, con i tentacoli protesi. Al primo contatto le conficcavano sotto la pelle un filamento che infliggeva atroci bruciori.

Non ricordo una sola vendemmia in cui non sia stata vittima delle vespe. Giuliana si portava un coltello dalla lama grande, che, poggiata sulla parte colpita, toglieva il male e preveniva almeno in parte il gonfiore. Non so se avesse davvero quell'effetto, ma ci credevo. «Attenta, che se ti muovi ti taglia, questo benedetto coltello!» diceva lei, e io stavo ferma, senza un lamento, conscia di avere puntati addosso gli sguardi dei vendemmiatori e di Luigi e memore della esortazione di papà: «Non devi mai dare l'impressione di non tollerare il dolore o di avere paura. Mai».

Invece mi piaceva moltissimo assistere alla raccolta del cotone. Andavamo nei campi a piedi, nel pomeriggio, e tornavamo a casa sul rimorchio, carico del raccolto della giornata. La pianta del cotone, bassa e ramificata, è meravigliosa, sia quando è fiorita – i fiori a quattro petali, di un bianco giallino, spiccano contro le foglie palmate e verdissime –, sia al momento della raccolta, quando la pianta secca sembra morta e offre ai venti, nelle capsule spalancate, i semi liberi, protetti dalla fibra soffice e resistente che null'altro è che la comune bambagia. Gli uomini raccoglievano il cotone a mano e faticosamente – era un lavoro da fare piegando schiena e gambe – e poi svacantavano i cesti colmi di cotone sul rimorchio. Verso il tramonto il sole si posava sull'orizzonte quasi a lambire il mare blu e diventava un globo di fuoco; quando il suo riverbero creava una striscia rosso acceso lungo l'intera distesa del mare, e il resto del cielo sembrava illuminarsi e diventare di un blu elettrico, Vincenzo metteva in moto il trattore – il segnale che bisognava tornare in fattoria. Sul rimorchio era cresciuta una collinetta candida. Noi ci sprofondavamo dentro, felici. Chi formava una specie di poltrona, chi si spaparanzava a gambe larghe, chi cercava di fare lo spiritoso e si alzava in piedi per poi ricascare sul cotone a faccia in giù, tra i rimproveri di Vincenzo. Arrivati in fattoria, dentro il magazzino, sotto l'occhio attento e severo di Giuliana ci sbrigliavamo del tutto. Il cotone formava una montagna addossata a due pareti, su cui potevamo scivolare come se fossimo su una slitta, fare salti e acrobazie. Io ero l'unica che non portava più i pantaloni – papà non voleva; mamma, d'accordo con lui, mi diceva: «Non ti si addicono» – e bisognava che contenessi i movimenti: dovevo essere composta quando c'erano intorno uomini.

Chiara e Gabriella, invece, vivevano nei loro pantaloni e si arrampicavano sugli alberi come i gatti. Erano ghiottissime, come peraltro tutti noi, delle azzeruole, le meline che crescono su alberi alti e di scarso fogliame, sparsi nella campagna come piante selvatiche. Ed erano loro che controllavano gli alberi – ce n'erano tre in campi diversi, vicino a casa – per vedere cosa c'era da raccogliere. Riempivano i loro cestini di quelle meline gialle e rosse, seme grosso e lucido e polpa soda, profumatissima, e le portavano a casa. La raccolta durava da agosto a settembre, e Chiara e Gabriella sembravano molto fiere di essere le uniche, tra noi, a poter vantare il monopolio su un prodotto di Mosè.

## 24
## La partenza

Un'altra delle ospiti di mamma era Madame von Tschudin, una signora austriaca con cui Chiara e io facevamo conversazione in francese. Ultrasettantenne, poverissima ed ex bella donna, Madame era tuttora vezzosa: sui capelli diventati crespi come la spugnetta di ferro della cucina per l'eccessivo uso di tinture di cattiva qualità, e stretti in trecce arrotolate sulle orecchie, portava cappelli dai fiocchi scafazzati e con velette rammendate; indossava vetuste camicette bianche, ricamate e merlettate, con una spillina sul colletto. Il volto, un tempo bello, era una maschera di cipria e belletto; mamma sosteneva che da giovane Madame era stata molto carina, ma zia Teresa non era totalmente d'accordo: «Scusami Elenù, io forse direi che era un po' troppo appariscente».

Mamma sperava di incoraggiarci a riprendere il tedesco, lingua che io rifiutavo, e insieme a Giuliana lo parlava con Madame. Il piano non funzionò: con Madame, Chiara e io parlavamo esclusivamente in francese.

Madame aveva perduto nella Prima guerra mondiale il grande amore della sua vita, un nobile polacco di cui raccontava sempre lo stesso aneddoto che, benché poco romantico, non mancava mai di farle rotolare una lagrima sulla guancia imbellettata: Madame prendeva il treno da Vienna per la Polonia, dove l'amato possedeva un'immensa tenuta. Dall'ultimo punto di sosta prima del castello lei gli mandava un telegramma: ENVOYEZ LES CHEVEAUX!, e alla stazione trovava ad accoglierla la carrozza con i valletti, il cocchiere in polpe e il più bel tiro delle scuderie. Io, insofferente, non le davo retta. Chiara, più timida, sopportava anche certi suoi monologhi sulla composizione del corredo di una giovane di buona famiglia di prima della guerra, secondo le stagioni. Madame poi voleva sapere da Chiara, decenne, «qu'est-ce qu'il faut pour le trousseau» primaverile, estivo, autunnale e invernale, completo di tutto: gonne, camicette, mutande lunghe e corte, «la mise rose et la mise bleue», nei minimi dettagli, inclusi bottoni, asole, volant, merlettini. E se Chiara dimenticava qualcosa subito la correggeva.

Un anno fummo invitati all'inaugurazione di una polleria, non lontana da Mosè. Madame venne con noi, come nostra ospite d'onore. Si conzò per l'occasione con un cappello a tesa larga, tailleur e scarpe con il tacco alto e il fiocco di raso; era incredibilmente vistosa e con la sua presenza forestiera deliziò tutta la famiglia del proprietario della polleria.

Madame non era un'ospite facile. Permalosa e ossessionata dalla propria salute, come tanti che vivono soli non per scelta, parlava molto dei suoi acciacchi; da padroncina di casa, allora mettevo da parte la mia in-

13. Con Chiara sul viale dei Pali, 1952.

sofferenza e mi sorbivo le sue lamentele. Giuliana, che la vedeva come una concorrente, e per giunta sleale, murmuriava contro Madame: quella si era fatta mantenere in cambio delle sue prestazioni «di un certo genere», e adesso a tavola sedeva alla destra del barone, mentre lei, fedele moglie dell'indegno ferroviere palermitano, rimasta senza una lira, prendeva i pasti da sola nell'anticucina – come se non bastasse, servita in malo modo da Filomena. Adoravamo Giuliana; per non ingelosirla, facevo conversazione in francese con Madame soltanto quando lei era occupata con Chiara.

Nei racconti dell'anziana austriaca c'era un miscuglio tra realtà, esagerazione e pura fantasia. E il suo isolamento dignitoso e coraggioso mi intristiva: non sembrava avere amici o parenti, ed era davvero povera. Mi chiedevo che vita avrebbe avuto, se a Palermo mamma e zia Teresa non l'avessero invitata a pranzo ogni settimana per far sì che mangiasse un buon pasto, e se non se la fossero portata in villeggiatura.

Chiara e io avevamo rispettivamente undici e quattordici anni quando fu deciso che avremmo trascorso le vacanze estive in Svizzera per perfezionare il nostro francese; non eravamo mai state all'estero, e avevamo lasciato la Sicilia soltanto una volta, da piccole, per andare a Roma e poi a Folgaria. Mamma era stata allevata da Mademoiselle, la governante svizzera dei suoi fratelli maggiori, e ci teneva molto che prendessimo l'accento svizzero. Chiara, timidissima, era apprensiva; si rasserenò solo quando ci fu detto che anche mamma e zia Teresa sarebbero venute in Svizzera con noi e sarebbero rimaste per tutto il tempo a Montreux.

Quell'anno andammo a Mosè a giugno insieme alla famiglia di zio Giovanni, che vi sarebbe rimasta per tutte le vacanze. Lo zio proteggeva mamma come se fosse ancora bambina: le disse che lui e zia Mariola si sarebbero presi cura della casa e che noi saremmo stati loro ospiti per le poche settimane che mancavano alla partenza per la Svizzera. Zia Mariola non si interessava alle faccende domestiche: come faceva a casa sua, delegò ogni cosa alla sua cameriera, che prese in carico il ménage con disinvoltura e autorevolezza.

La zia era simpaticissima, ma nervosa. Era la prima ad accorrere quando uno di noi cadeva o si faceva male. Mi stupiva che non facesse mai dolci, ma il fatto è che era ben contenta di non saper cucinare. Alle cameriere aveva insegnato un'unica ricetta: ogni sera le posavano discretamente sulla toletta una tazzina da caffè piena a metà di latte in cui erano state spremute alcune gocce di limone; sul piattino, al posto del cucchiaino, un batuffolo di bambagia: prima di andare a letto, la zia lo avrebbe imbevuto nel latte inacidito per struccarsi.

Mamma e zia Teresa tornarono a comportarsi come ai tempi in cui nonna dominava la cucina: preparavano i loro dolci nel pomeriggio, con lo stesso sussiego e gli stessi «Elenù, dopo di te», «Teresù, ti pare giusto di zucchero?» di sempre, attentissime a lasciare la cucina perfettamente pulita e rassettata.

Io mi ritrovai senza lavoro; dapprima me ne dispiacqui, poi mi resi conto che avrei avuto più tempo per leggere e ne approfittai. Andavo spesso in casa di Rosalia, a trovare Maria. Più grande di me, era una signorina: aveva preso la licenza media e adesso aiutava la madre. Parlavamo di noi, e delle cose di famiglia. Le nostre vite ci sembravano diverse. Ironicamente, non lo sono state. Ambedue maritate con uomini che vivevano all'estero, abbiamo ciascuna due figli e non abitiamo più in Sicilia.

Le nostre persone di servizio erano abituate, in estate, a lavorare insieme alle cameriere degli zii e non sembravano disturbate dal nuovo regime, eccetto Paolo. Ormai anziano, ci vedeva poco e guidava raramente. Gli fu proposto di prendersi una lunga vacanza a Palermo con la sua famiglia, ma rifiutò: voleva rimanere a Mosè. Era abituato a essere coccolato – i ditalini al pomodoro, il suo primo piatto preferito, si mangiavano spessissimo, come del resto le cotolette di melanzane tunisine – e, nella certezza che per un pezzo non avrebbe assaporato i dolci di mamma, aspettava che lei gli passasse vicino per chiederle: «Signuri', 'u facemu 'u pane di spagna?». Lei diceva di sì, sempre.

Paolo ricordava tutte le ricette ed era particolarmente conservatore: rifuggiva dalle varianti che certe volte entravano nella nostra cucina di soppiatto – margarina, zucchero grezzo, arachidi – e faceva una smorfia quando era mamma a introdurle. Zia Teresa, più avventurosa di lei, una volta a Palermo aveva perfino frequentato un corso di cucina sui dolci; ma per rispetto a Paolo le due sorelle si attenevano alle ricette scritte sui libretti di nonna Maria. Fu allora che mi resi conto che a casa nostra le ricette non cambiavano mai. Alcune erano state perfezionate nell'esecuzione, ma senza mai aggiungere o cambiare ingredienti. E non era stato introdotto nessun piatto nuovo. Un anno zia Annina aveva importato dalla Spagna, dove peraltro non era mai stata, il gazpacho. Lo preparava lei stessa, mettendo da parte ago e filo. Per la durata del suo soggiorno a Mosè, come primo piatto si mangiò gazpacho quasi ogni giorno, assieme alla pasta al pomodoro. Ne esaltavamo il gusto e la freschezza – era un'insalata di pomodoro, sedano, cipolla, aglio e carota tagliati a pezzettini, ben condita con olio e aceto, con sopra pane duro e ghiaccio tritato –, e lo mangiavamo tutti noi bambini. Dovevamo, per educazione. Ma appena zia Annina se ne andò, il gazpacho scomparve dalla nostra tavola e dalla memoria del nostro palato. Senza alcun rimpianto.

Paolo sembrava pensieroso. Lui che aveva sempre montato gli albumi per il pandispagna con l'orgoglio di chi sa che quello è un *suo* compito e che sa farlo bene, adesso lo faceva con tale lentezza che mamma doveva aggiungere di nascosto del lievito in polvere. Sempre. Pestava la cannella nel mortaio e non riusciva a polverizzarla; mamma lo mandava nella stanza da pranzo con la scusa di prenderle la bottiglia di alchermes e nel frattempo dava una bella pestata.

Ci raggiungeva spesso in macchina quando nel pomeriggio noi bambini andavamo al villaggio per comprare il gelato, e si fermava al bar. Era una passeggiata di non più di mezz'ora, prendendo la scorciatoia, e la facevamo con piacere: a volte preferivamo fare a piedi anche il ritorno, ma almeno uno di noi doveva tornare in automobile con lui, altrimenti ci sarebbe rimasto male.

Al telefono del bar del villaggio la gente lasciava a don Giovannino messaggi per noi e l'intero villaggio. Una di quelle volte Paolo ricevette un messaggio da parte della moglie; quale che ne fosse il contenuto, non sembrò per niente preoccupato e si portò in macchina Chiara e Gabriella mentre io e gli altri tornammo a piedi. Mentre salivamo dalla scala di servizio, sentimmo un vociare agitato – era Paolo. Lui che non alzava mai la voce e che non sapeva nemmeno gridare, tanto era pigro, urlava come un ossesso. Rosalia, la portinaia di Agrigento, era nostra ospite, ed era proprio con lei che Paolo vuciava, anche se si capiva che le voci erano dirette ad altri. Appena arrivati nell'anticucina, Giuliana si fermò ad ascoltarlo, il mento appoggiato a una mano, perplessa; noi, accanto a lei, tutti occhi e orecchie.

«L'ammazzo, l'ammazzo a tutt'e due!» gridava Paolo. Cercai lo sguardo di Giuliana, preoccupata. Lei mi sussurrò che Paolo aveva appena saputo che la figlia maggiore aveva fatto la fuitina con l'innamorato, un panettiere. «Svergognata! Manco una tinta cammisa di corredo si merita!». E Paolo si accasciò sulla sedia.

187

«Don Paolo, calmatevi», lo esortava Rosalia, «s'annu a maritari!». E lui rispondeva: «Maritari? Prima li ammazzo!» e a ogni «calmatevi» della portinaia ripeteva «li ammazzo», ma sempre più piano. All'ultimo «li ammazzo», anziché rispondergli «calmatevi» Rosalia gli sussurrò: «Una fetta di pandispagna ci piacissi a vossia, don Paolo?». E lui, gemendo: «Sì, tanticchia...».

Rosalia prese la torta dal frigorifero e gliela mise davanti. Era semplice: il pandispagna imbevuto di alchermes era farcito con pere caramellate e crema pasticciera, che ricopriva anche l'esterno, ed era decorato da un bordo di amarene. «Donna Rosalia, più grande, due amarene mi attoccano!» fece la voce fievole di Paolo mentre la portinaia stava per tagliare la fetta.

Filomena intanto li aveva raggiunti dalla lavanderia, le mani gonfie di lisciva. Ascoltò, e poi lo schernì: «Don Paolo, contento dovete essere: sparagnate corredo e festino!», e all'inevitabile «T'ammazzo a tia pure!» se ne scappò, mentre Paolo cercava di alzarsi con un boccone di torta infilzato nella forchetta.

Poi Giuliana ci spiegò che in effetti Paolo sperava da tempo nella fuitina della figlia per risparmiare sulle spese del matrimonio e del corredo; ce n'era voluto, per persuadere i genitori dell'innamorato della figlia a consentire – loro la dote volevano, e tutta. Per questo si era rifiutato di andare a Palermo: la fuitina doveva avvenire mentre lui non c'era, perché nessuno potesse insinuare che c'era il suo zampino. Finalmente c'era riuscito, e ora doveva recitare la parte del padre oltraggiato e vendicativo. E affranto.

Mamma invece credette al dispiacere di Paolo e si preoccupò per lui. Riprese immediatamente le redini della cucina, per confortarlo: dalla sera stessa e per parecchi giorni mangiammo ditalini – con la salsa di pomodoro passato, con la salsa di pomodoro pelato, con la salsa di pomodoro crudo e macerato nell'olio, con la salsa di pomodoro e la ricotta –, tante cotolette di melanzane e perfino di carne. E pandispagna.

Noi ne eravamo contente – erano tutte cose che ci piacevano –, ma zio Giovanni si lamentava di mamma, che non gli aveva obbedito e aveva ricominciato a occuparsi della cucina. Poi, un altro messaggio al bar del villaggio confermò che i due innamorati, contriti, chiedevano a Paolo il permesso di sposare in sacrestia, senza corredo né festino. Lui annunciò a papà che avrebbe acconsentito con una certa riluttanza, e per la prima volta nei trentasei anni da che lo conosceva, osò chiedergli una sigaretta: papà gli regalò l'intero pacchetto di Muratti.

Le vicende della figlia di Paolo risvegliarono il mio romanticismo nascente. Gaspare era diventato un bellissimo ragazzo, fascinoso. A Palermo, tante più vecchie di me mostravano interesse a essere mie amiche soltanto nella speranza di conoscerlo. Quell'estate, certi parenti lontani cominciarono a venire in visita da noi con la figlia: Antonella, si chiamava così, era bella quanto Gaspare, e in più viveva a Roma. La guardavo con ammirazione e un pizzico di invidia: erano innamorati. Io ero una sgobbona; leggevo i classici con passione, ma a quel punto volli soltanto romanzi d'amore, e ogni tanto mi scappava una lagrimuccia. Volevo anch'io avere un innamorato, e vedere il mondo.

Ero più che pronta a lasciare Mosè, quando venne il momento di prendere l'aeroplano per Roma, il secondo della mia vita, da dove avremmo preso il treno per la Svizzera. Sentivo che mi sarebbe mancata soltanto la cucina: le mattinate laboriose, gli odori, i sapori della campagna, dall'uovo fresco ai fichi d'India, alla magnifica quagliata – candida e tremolante, che si scioglieva in bocca –, al pane di Rosalia.

Raccolsi delle foglie di alloro e le misi in valigia. «Non si sa mai. Se mi viene il mal di pancia... magari in Svizzera l'alloro non ce l'hanno», spiegai a Giuliana che voleva conto e ragione. Ma non era quello il motivo. Sentivo che quel viaggio di istruzione sarebbe stato soltanto l'inizio di una vita lontano dalla Sicilia e volevo avere con me qualcosa di tangibile, ma al tempo stesso leggero e denso di significato, che mi riportasse a Mosè appena lo avessi voluto, subito, subitissimo – sarebbe bastato un po' di acqua calda.

Da allora, le foglie d'alloro di Mosè non sono mai mancate nella mia cucina: a Lawrence, Somerville, Lusaka, Oxford o Londra. Basta il vapore profumato di alloro e l'aroma oleoso della scorza di limone per farmi tornare a Mosè, dovunque io sia.

# Le ricette

*di*

*Chiara Agnello*

# Qualche nota alle ricette

Cucinare mi piace e mi diverte. Nel tempo ho acquisito una lunga esperienza in cucina, prima aiutando mia madre e poi, invertendo i ruoli, facendomi aiutare da lei.

Le ricette di questo libro facevano e fanno tuttora parte della nostra abitudine alimentare: sono perlopiù a base di verdure e ortaggi e dunque molto legate alla stagionalità dei prodotti che abbiamo sempre coltivato nel nostro orto familiare. Ma, certamente, il fil rouge che le percorre tutte è il prodotto principale della nostra azienda: l'olio d'oliva. A Mosè abbiamo un oliveto molto bello, molto amato, fatto di vecchissimi olivi – cinquecento o più anni – che producono un ottimo olio extravergine aromatico e saporito: è l'unico grasso che abbiamo mai usato in cucina, ed è per questo che in tutte le ricette ho scritto semplicemente «olio d'oliva».

Nella presentazione delle singole pietanze non ho seguito un reale ordine, piuttosto un'organizzazione basata sui prodotti dei mesi estivi – quelli delle vacanze che trascorrevamo in campagna. Le ricette dei dolci sono molto esatte – è solo ai dolci che sono dedicati i libri di ricette di casa –, le altre meno: sono state tramandate col fare insieme, osservando, provando, cambiando e mai pesando e misurando. Mentre le trascrivevo per questo libro, ho cercato di essere il più precisa possibile: ho pesato gli ingredienti e misurato i tempi di cottura. Eventuali inesattezze residue fanno in realtà parte delle ricette stesse, nella convinzione che – fatti salvi gli ingredienti base e le procedure – tutte le variazioni e i dosaggi modificati in base ai gusti personali non possono che arricchire i piatti.

Considerare ognuna di queste ricette un buon punto di partenza perché si trasformi in un'altra ricetta mi sembra il miglior risultato che potessi ottenere.

CHIARA AGNELLO

*Mosè, primavera 2011*

# Maggio

## CAFFÈ DI ROSALIA O DEL PARRINO

Speziato e zuccherato, il «cafè d'u parrinu» è tipico delle masserie dell'Agrigentino. Si tratta di una bevanda al caffè, più che di un caffè vero e proprio. Lo preparavano le contadine per rinvigorire il sacerdote che veniva a dire messa in campagna e che prima di prendere la comunione doveva osservare il digiuno totale. Molto aromatico e pastoso al gusto (a causa della polvere di caffè e del cacao), è buono caldo o tiepido e lo si può conservare in frigorifero almeno una settimana.

Prima di servirlo bisogna sempre rimescolarlo – per fare sciogliere la polvere – e riscaldarlo a fuoco medio.

*Ingredienti*

La polvere del caffè già utilizzata («il tufo») di tre o quattro caffettiere moka da 3-4 tazze
1 tazza da tè di caffè rimasto (se c'è)
4 o 5 cucchiai di polvere di caffè fresca
1 l abbondante di acqua
1 stecca di cannella
1 pugno di chiodi di garofano (circa 40)
4-5 cucchiai di zucchero

2 cucchiai di cacao in polvere (amaro o dolce, a scelta)
1 bustina di vanillina

Mettere in un pentolino a bordi alti: la polvere del caffè già utilizzata, l'acqua, la stecca di cannella e i chiodi di garofano, quindi cuocere a calore medio per 15-20 minuti, fino a quando il liquido diventa scuro e abbastanza denso.

Spegnere, far riposare almeno un'ora, poi filtrare e gettare la cannella, i chiodi di garofano e la maggior parte della polvere del caffè.

Rimettere il liquido nello stesso pentolino, aggiungervi la vanillina, lo zucchero e il cacao e cuocere per altri 10 minuti circa a fuoco medio; far bollire 5 minuti, quindi assaggiare e aggiustare di zucchero o di cacao. Mescolare e servire.

## TUMA ALL'ARGENTIERA

Questo piatto dev'essere portato in tavola molto rapidamente perché la tuma raffreddando indurisce e dunque perde il sapore e la morbidezza del sughetto.

Ecco perché è conveniente prepararlo in una padella che contenga almeno quattro fette (3 x 4 cm) tenendolo in caldo fino al momento di servirlo. Se lo si prepara per più persone, meglio usare una padella più grande.

*Ingredienti (per 4 pp)*

8 fette di tuma
2 cucchiai di aceto di vino bianco
1 cucchiaio di origano
2 cucchiai di olio d'oliva
sale e pepe

Tagliare la tuma (ma vanno bene anche il pecorino fresco o il caciocavallo fresco), in fette alte ½ centimetro e non troppo grandi.

Scaldare bene in una padella 1 cucchiaio d'olio e mettervi 4 fette di tuma, un po' distanziate tra loro; quando hanno fatto la crosta, girarle e farle dorare anche dall'altra parte.

Terminata questa operazione, aggiungere rapidamente 1 cucchiaio di aceto di vino bianco, sale, pepe e una spruzzata di origano. Far insaporire, poi tenere in caldo e preparare le altre fette.

Portare in tavola subito.

## PASTA CON LE ZUCCHINE FRITTE

La zucchina che si usa per questa ricetta (e anche per le due che seguono) è quella verde chiaro scanalata dell'Italia del Centro-Sud, ma va benissimo anche la zucchina verde scuro che si trova più facilmente nell'Italia del Nord.

Questa pasta, per noi, è sempre stata speciale: non soltanto perché semplice da preparare e squisita, ma anche perché era la prima col sapore dell'estate – il sapore delle vacanze e della libertà dalle regole della città.

*Ingredienti (per 4 pp)*

350 g di pasta corta (penne rigate, sedani, rigatoni ecc.)
2-3 zucchine da circa 200 g l'una
5-6 cucchiai di olio d'oliva (inclusi i 2 cucchiai di olio
    crudo per condire la pasta)
basilico fresco
sale e pepe

Lavare le zucchine, spuntarle, quindi tagliarle a rondelle alte circa ½ centimetro.

Scaldare in una padella 3 cucchiai di olio, quindi adagiarvi le rondelle di zucchine e farle dorare; girarle e friggerle anche dall'altra parte, dopodiché scolarle e metterle in una terrina. Friggere allo stesso modo tutte le zucchine e conservare l'olio di frittura nella padella.

Nel fondo di una zuppiera mettere metà delle zucchine fritte, 2 cucchiai dell'olio di frittura e un pugnetto di basilico (se è quello piccolo, così com'è; se è quello a foglia larga, sminuzzarlo prima con le mani); se piace, anche un po' di pepe o di peperoncino.

Cuocere la pasta in acqua abbondante, quando è pronta scolarla e versarla nella zuppiera con le zucchine.

Mescolare bene, aggiungere 2 cucchiai di olio d'oliva crudo, eventuale olio della frittura rimasto, mescolare ancora e mettere sulla pasta l'altra metà delle zucchine fritte e il resto del basilico.

## Zucchine fritte con aglio, menta, zucchero e aceto

È un buon antipasto per una cena estiva, ma anche – insieme a pane, formaggio, olive e insalata – una buona alternativa al pranzo.

Tempo di preparazione e cottura: circa 30 minuti.

*Ingredienti (per 4-6 pp)*

4 zucchine
½ bicchiere di olio
3 spicchi d'aglio
1 pugno di foglie di menta
½ bicchiere di aceto
2 cucchiaini da tè di zucchero
sale e pepe

Tagliare le zucchine a rondelle alte circa ½ centimetro. Friggerle in olio bollente, aggiungere sale e pepe e metterle in un piatto. Tagliare gli spicchi d'aglio a pezzetti e sminuzzare le foglie di menta.

Scaldare l'aceto in un pentolino, quindi aggiungervi lo zucchero (e farlo sciogliere) e l'olio scolato dalle zucchine.

Utilizzare un piatto da portata fondo e mettervi a strati: le zucchine fritte, un po' di aglio e di menta, 1 cucchiaio di aceto e olio. E così via.

Ci vuole almeno mezza giornata di riposo perché tutto si insaporisca.

Conservare fuori dal frigorifero e consumare entro due o tre giorni.

# ZUCCHINE, PATATE E CIPOLLE CON CARNE

Questo piatto veniva preparato molto spesso, poi è caduto in disuso finché qualche anno fa mi è venuto il desiderio di riprovarlo. È perfetto per riciclare i resti: un po' di impasto delle polpette tenuto da parte, qualche patata e qualche cipolla avanzate, ed ecco tutti gli ingredienti base.

È un secondo saporito, di preparazione abbastanza veloce ma di lenta cottura: deve cuocere a fuoco medio e poi basso per almeno 40 minuti.

*Ingredienti (per 4 pp)*

3 zucchine (in totale, circa 600 g)
4 patate da circa 80-100 g ciascuna
4 cipolle da circa 100 g ciascuna
180-200 g di carne tritata
2 cucchiai di pangrattato
2 cucchiai di formaggio grattugiato
2 cucchiai di passata di pomodoro, oppure 1 cucchiaio
   di estratto di pomodoro sciolto con acqua
4-5 cucchiai di olio
sale e pepe

Tagliare le zucchine a tocchetti lunghi 6-7 centimetri e svuotarli con il «detorsolatore».

Svuotare anche le patate e le cipolle precedentemente sbucciate; tritare molto finemente i resti nel mixer, oppure con la mezzaluna sul tagliere, e metterli in una ciotola.

Condire la carne tritata con formaggio, pangrattato, sale e pepe e 2 cucchiai del trito fatto precedentemente; bagnare con un po' di acqua, amalgamare bene e riempire le zucchine, le patate e le cipolle.

In una padella abbastanza grande, possibilmente a fondo piatto e con i bordi alti, versare 3 cucchiai di olio e accendere il fuoco; aggiungere il resto del trito e far soffriggere leggermente. Quando tutto comincia a prendere un bel colore dorato, aggiungere zucchine, cipolle e patate e far fare la crosticina.

Girarle con attenzione e farle dorare da tutti i lati, quindi aggiungere un po' di olio – se necessario –, sale e pepe, il cucchiaio di passata di pomodoro e – se il fondo della padella è asciutto – una tazzina da caffè di acqua. Coprire con un coperchio e abbassare la fiamma.

Durante la cottura controllare il sughetto sul fondo, aggiungendo alla bisogna ancora acqua e – se piace – un po' di olio. Ogni tanto girare i pezzi e provare la cottura con uno stecchino.

Sono buone calde, ma si possono anche conservare in frigorifero (non più, però, di due o tre giorni).

## ZUPPA INGLESE

Dalla bisnonna di mamma, una signora inglese, viene forse questa ricetta della zuppa inglese, che veniva immancabilmente preparata a casa nostra non appena maturavano le prime pere – una varietà locale, un po' duretta. È composta da tre elementi che, come per la cassata, possono essere preparati in tempi o persino giorni diversi e poi «montati» insieme.

Il pandispagna era una delle basi da dolce più comuni in casa nostra: oltre che della zuppa inglese, era la base di torte a molti strati, con la crema di latte (o pasticcera) o al burro, oppure con la frutta fresca; e naturalmente della cassata, che veniva fatta – con molto sentimento e passione – due volte all'anno: a Pasqua e a Natale.

1. *Pandispagna*
(tempo di cottura: 20 minuti circa)

*Ingredienti (per 8 pp)*

6 uova
200 g di zucchero
150 g di farina

Separare i tuorli dalle chiare.

In una ciotola, battere bene i tuorli e lo zucchero; quando lo zucchero è completamente sciolto e il composto è bianco, gonfio e spumoso cominciare ad aggiungere, a poco a poco, la farina. Quindi, montare le chiare d'uovo a neve ferma.

Imburrare e spolverizzare di zucchero una tortiera apribile (diametro 25 cm).

A questo punto, unire a poco a poco le chiare al composto di uova, zucchero e farina.

Dal momento che questa ricetta non prevede lievito, la sua riuscita dipende dalla fermezza delle chiare battute a neve e dal modo in cui le si amalgama al composto: non mescolando con forza ma incorporandole con un movimento lento dal basso verso l'alto, cercando di mantenere la consistenza delle chiare il più a lungo possibile.

Versare il composto nella tortiera, infornare e cuocere a calore medio (180°) per circa mezz'ora.

Quando il pandispagna è gonfio e dorato pungerlo con uno stecchino: se viene fuori asciutto, il pandispagna è pronto.


2. *Crema di latte*

1 l di latte
60 g di farina
150 g di zucchero
1 tuorlo d'uovo

Versare il latte in un pentolino. In un colino semi-immerso nel latte, mettere a poco a poco la farina e lo zucchero e, con l'aiuto di un cucchiaio, mescolarli (sempre nel colino); aggiungere l'uovo, togliere il colino e mettere il pentolino sul fuoco basso.

Cominciare a mescolare, sempre a fuoco basso, lentamente (in questo modo la farina cuoce e non lascia il suo gusto forte nella crema), per almeno 6 minuti; poi si può passare a un fuoco medio e, continuando a mescolare (il modo migliore per non fare attaccare la crema è disegnare un otto con il cucchiaio), portare a compimento la cottura. La crema è pronta quando, versandone un po' sulla superficie, lascia il segno.

### 3. *Pere cotte con lo zucchero e la cannella*

Cibo leggero in caso di influenze e indisposizioni (come le mele cotte), dolce a sé servite fredde con biscotti o sfogline durante l'estate, le pere cotte con zucchero e cannella hanno la loro apoteosi nella composizione della zuppa inglese.

### Ingredienti

1 kg di pere abbastanza sode
1-3 cucchiai di zucchero – a seconda della dolcezza delle pere
½ stecca di cannella

Sbucciare e tagliare a spicchi le pere. Metterle sul fuoco in un pentolino con lo zucchero e la mezza stecca di cannella. Non aggiungere acqua, a meno che le pere non siano particolarmente dure e con poco succo. Cuocere fino a quando il liquido delle pere si asciuga e i frutti prendono un bel colore dorato.

## Composizione

Tagliare il pandispagna in senso verticale a fette alte 1 centimetro.

In una ciotola, mescolare 2 cucchiai di alchermes o amaretto e 1 di acqua.

Coprire il fondo di una pirofila di vetro (18 x 35 cm circa) con le fette di pandispagna accostate. Con un cucchiaio, bagnarle con un po' di acqua e liquore, quindi versarvi sopra uno strato leggero di crema di latte e, sopra, distribuire qualche cucchiaio di pere cotte ben scolate.

Fare un altro strato di pandispagna bagnato col liquore, crema e pere cotte, quindi coprire l'ultimo strato di pandispagna con la crema di latte.

## Per decorare

100 g circa di cioccolato amaro tagliato a pezzettini
una decina di amarene sciroppate e sgocciolate

1 tazzina da caffè di pistacchi spellati (far bollire un pentolino d'acqua, versarvi dentro i pistacchi, spegnere il fuoco e aspettare almeno 5 minuti prima di spellarli)

Disporre questi elementi seguendo un disegno geometrico e conservare il dolce in frigo almeno un'ora prima di portarlo in tavola.

# Giugno

## Uova alla romana

Questo piatto veniva cucinato regolarmente a partire da Pasqua, quando si preparavano i tipici dolci pasquali: i *cannileri* (con uova sode poste al centro di una ciambella di pasta frolla e poi coperte con due strisce, sempre di pasta frolla, messe in croce; i *cannileri* venivano cotti al forno, poi ricoperti di velata bianca e spruzzati con pistacchi tritati).

La pasta frolla aveva un sapore meraviglioso e particolare – derivante probabilmente dal contatto con il guscio dell'uovo –, ma le uova sode poi non voleva mangiarle nessuno.

Allora mamma faceva le uova alla romana.

È uno dei tanti piatti che può essere preparato in tempi diversi, spesso anche per il piacere di utilizzare i «resti»: uova sode, una ciotolina di béchamel avanzata ecc.

I tempi di preparazione possono quindi variare di molto, mentre il tempo della cottura è quello della frittura: circa 10 minuti.

*Ingredienti (per 4 pp)*
6 uova sode
una béchamel molto densa
300-350 dl circa di olio per friggere

*Per la panatura*

farina
1 uovo
pangrattato

*Per la béchamel*

300 dl di latte
1 noce di burro
2 cucchiai di farina
1 pizzico di sale e 1 di pepe
1 grattatina di noce moscata
1 cucchiaio di parmigiano grattugiato

Mettere in un pentolino una noce di burro e farlo sciogliere a fuoco medio. Quando è liquefatto togliere dal fuoco e aggiungere la farina, mescolare bene fino a ottenere una pasta morbida e priva di grumi (è un'operazione molto veloce), poi aggiungere lentamente, a filo, il latte freddo e amalgamare alla pasta di farina e burro. Dopo aver versato tutto il latte, rimettere il pentolino sul fuoco basso (così la farina cuoce) e, sempre mescolando, portare avanti la cottura fino a raggiungere la consistenza desiderata (dev'essere comunque abbastanza densa e ci vogliono circa 15 minuti). Quindi, aggiungere sale, pepe, parmigiano e noce moscata.

Sbucciare le uova sode e tagliarle a metà nel senso della lunghezza.

Togliere i tuorli e metterli in una ciotola, dopodiché schiacciarli con una forchetta e aggiungervi a poco a poco la béchamel. L'impasto deve risultare abbastanza sodo.

Con un cucchiaio, riempire il buco lasciato dal tuorlo e ricreare la forma dell'uovo sodo. Dopo aver riempito tutte le mezze uova, passarle a una a una prima nella farina, poi nell'uovo battuto e infine nel pangrattato.

Scaldare l'olio in un pentolino di almeno 15 cm di diametro, a bordo alto. Per controllare la temperatura, mamma vi buttava un pezzetto di pane: appena cominciava a sfrigolare, l'olio era pronto. Friggere le uova a due a due e, quando sono ben dorate, metterle a scolare su un foglio di carta assorbente.

Sono buone tiepide, forse ancora meglio fredde.

## TRIPPA D'UOVO

In realtà, è solamente un modo diverso di presentare una semplice frittata condita con salsa di pomodoro e basilico.

Eppure, la diversa consistenza e la presentazione insolita, così simile alla trippa o a un piatto di tagliatelle al sugo, erano un divertimento per gli occhi e per il palato: in questo modo, una pietanza normalissima diventava speciale.

*Ingredienti (per 4 pp)*

4 uova
2 cucchiai di formaggio grattugiato
1 cucchiaio di pangrattato
4 cucchiai di salsa di pomodoro
2 cucchiai di olio d'oliva
qualche foglia di basilico per decorazione
sale e pepe

Battere le uova, condirle, aggiungere il formaggio grattugiato e il pangrattato

Passare un velo di olio in una padella antiaderente e cuocervi delle frittate sottili.

Quando sono pronte, tagliarle a listarelle larghe circa 2 cm, condirle con qualche cucchiaiata di salsa, mescolarle con molta delicatezza e metterne un mucchietto al centro dei singoli piatti. Versarvi sopra un po' di salsa, un po' di parmigiano grattugiato e decorare con una fogliolina di basilico.

## SPIEDINI CON TUMA E ACCIUGHE

Un altro buon modo per utilizzare i resti: in questo caso, avanzi di pane duro (ma non troppo) e di tuma, formaggio che è buono fresco ma che tende a inacidire molto rapidamente. Gli spiedini con tuma e acciughe sono la soluzione perfetta per riciclare tutto quanto, senza contare che il piatto pieno di spiedini dorati, croccanti e profumati è un'autentica festa per i sensi.

Il tempo di cottura è quello della frittura: circa 15 minuti.

*Ingredienti (per 4 spiedini)*

24 quadrati di pane raffermo (meglio se integrale) di
    4-5 cm e spessi meno di 1 cm
18 fettine sottili di tuma o di pecorino fresco grandi
    come il pane
2 acciughe sott'olio
1 bicchiere di latte
1 uovo
farina
pangrattato
300-400 dl di olio d'oliva
12 stecchini abbastanza lunghi

Comporre ciascuno spiedino alternando 4 quadrati di pane, 3 fettine di tuma e 3 pezzetti di acciuga (o un po' di pasta d'acciuga). Cominciare con il pane, poi la tuma, poi l'acciuga e così via. Per ogni spiedino, meglio usare due stecchini anziché uno solo.

Quando sono tutti pronti, preparare un piatto fondo con il latte, un altro con l'uovo battuto e due vassoi contenenti rispettivamente la farina e il pangrattato.

Passare velocemente gli spiedini nel latte, poi nella farina, nell'uovo e infine nel pangrattato. Quando sono pronti, immergerli nell'olio bollente e farli dorare bene.

Vanno fritti in un pentolino grande abbastanza per contenerli e a bordi alti. Il metodo di frittura è uguale a quello descritto per le *Uova alla romana* a p. 211.

Disporli in un vassoio su un foglio di carta assorbente.

Sono buoni caldi e croccanti.

## CROSTATA DI FRUTTA FRESCA

È composta da tre elementi: pasta frolla, crema di latte e frutta di stagione tagliata a fettine disposte sulla crostata in cerchi concentrici.

### 1. *Pasta frolla (ottima)*

Fra le tante ricette di pasta frolla del libro di nonna e poi di mamma, questa con scritto accanto «ottima» è l'unica che veniva usata. Tutte le altre prevedevano l'utilizzo di un gran numero di uova e forse è per questo che erano state accantonate. Mamma, a ogni modo, seguiva sempre questa.

*Ingredienti (per due crostate, diametro 25 cm circa)*

500 g di farina
200 g di zucchero
200 g di burro
1 tuorlo d'uovo
2 cucchiai di latte

Versare la farina sul tavolo a fontana, al centro mettervi il tuorlo, il burro ammorbidito e spezzettato e lo zucchero. Impastare, aggiungendo se necessario un po' di latte, fino a ottenere un composto liscio e uniforme; farne una palla, metterla in un piatto e tenerla in frigorifero almeno un'ora prima di riprenderla e rimetterla sul piano da lavoro spolverato di farina. Lavorarla un po' con le mani infarinate, dividerla in due parti e poi, con un mattarello infarinato, spianarla (spessore ½ centimetro circa): quindi, usarla per foderare una forma da crostata (col fondo estraibile). Se nel foderare la forma la pasta si rompe, si può aggiustare con le mani: basta schiacciarla e ricongiungere i pezzi rotti.

Bucherellare la superficie con una forchetta e mettere sul fondo qualche fagiolo (per non far gonfiare la pasta). Infornare e cuocere a calore medio (180°) per circa 20 minuti, fino a quando prende un bel colore dorato.

Tirare fuori dal forno e lasciar raffreddare.

## 2. *Crema di latte*

V. ricetta della *Zuppa inglese*, p. 205.

### *Composizione e decorazione*

A questo punto, si può proseguire in due modi:

*a)* spennellare il fondo della crostata con cioccolato fondente (circa 150 g per crostata) fuso a bagnomaria e quando è ben rappreso aggiungere la crema di latte (in genere lo si fa quando si usa la frutta più succosa, che altrimenti imbeve la pasta frolla e la rende troppo molle);

*b)* coprire il fondo della crostata direttamente con la crema di latte (uno strato di circa 1 centimetro).

Una volta riempita la crostata con cioccolato e crema, o solo con la crema, si decora con la frutta fresca disponibile al momento: fettine sottili di pesca e di albicocca, oppure di pere, grandi acini d'uva bianchi e neri tagliati a metà e senza semi, fettine di prugna dalla buccia violacea e la polpa rosso scuro. E qualche immancabile amarena sciroppata.

A questo si può aggiungere un trito fine fine di mandorle e pistacchi.

Oltre che molto buone, le crostate sono bellissime. Vanno mangiate subito perché la pasta frolla tende ad ammorbidirsi troppo sotto il carico di frutta e crema.

## Semplice dolce di frutta (ottimo)

Questo dolce, privo di grassi, era preparato molto spesso per i bambini e per utilizzare la frutta di giugno, sempre molto varia e abbondante.

Si prepara in poco tempo e riesce bene con qualsiasi tipo di frutta – ciliegie, pesche, acini d'uva rossa tagliata a metà e senza semi – o con frutta mista – pere, mele, banane, albicocche, pesche, fichi, prugne a buccia sottile.

Riscuote da sempre grandi apprezzamenti e molti addirittura chiedono la ricetta: per questo mamma lo ha contrassegnato con «ottimo».

*Ingredienti*

200 g di zucchero
3 uova intere
200 g di farina
il succo e la buccia grattugiata di 1 limone
1 cucchiaino da tè di lievito in polvere (o ½ bustina)
1 kg di frutta fresca sbucciata

Sbucciare e tagliare a pezzetti la frutta in una ciotola. Unirvi il succo e la buccia grattugiata di 1 limone e riporre in frigo.

Mettere in un'altra ciotola le uova intere con lo zucchero, lavorarle bene fino a ottenere un impasto liscio, gonfio e omogeneo. Aggiungere a poco a poco la farina unita al lievito. Amalgamare bene, quindi aggiungere la frutta tagliata a pezzetti e mescolare ancora.

Versare tutto in una tortiera col fondo estraibile (diametro 25 cm) imburrata e spolverizzata di zucchero.

Infornare e cuocere a calore medio (180°) per circa mezz'ora.

Provare la cottura del dolce infilandovi uno stecchino: se viene fuori asciutto, è pronto.

È molto buono anche il giorno dopo e si presta bene a essere surgelato – l'importante è scongelarlo lentamente.

A questa ricetta base, di per sé buonissima, ho fatto alcune aggiunte che secondo me l'hanno migliorata.

Per rendere l'impasto più morbido, metto – a cucchiaiate, mentre unisco la farina – uno yogurt intero e per dargli più sapore aggiungo frutta secca (noci, o mandorle, o pistacchi a pezzetti; circa 40 g).

## AMARENA

Non è una marmellata: in casa nostra, l'amarena cotta al sole veniva utilizzata come decorazione o come ripieno per le crostate e, soprattutto, per i pasticciotti; il succo, poi, era la base della nostra bevanda dell'estate: l'amarenata col ghiaccio tritato.

Per preparare l'amarena ci vuole tempo (2-3 giorni), ma lo si faceva volentieri perché con questo procedimento il frutto resta «bello vivo» – non stracotto come nella marmellata – e quindi è adatto alle crostate, ai pasticciotti e come decorazione delle cassate di Pasqua e di Natale.

*Ingredienti*

1 kg di amarena denocciolata
800 g di zucchero

Mettere l'amarena denocciolata e lo zucchero in una grande pentola e cuocere a fuoco vivace, fino a quando lo zucchero è completamente sciolto e comincia l'ebollizione. Dopo 5 minuti spegnere il fuoco, quindi trasportare la pentola su un tavolo in pieno sole e coprirla con un velo di tulle. Lasciare al sole fino a quando il liquido è freddo.

Poi – usando uno scolapasta –, versare il succo in un'altra pentola grande e rimettere l'amarena nella pentola già utilizzata e lasciata al sole. Rimettere il succo sul fuoco, portare a bollore e far bollire almeno 5 minuti. Dopodiché spegnere e versare il succo sull'amarena rimasta al sole.

Questo procedimento si ripete due volte al giorno, per due giorni: a questo punto il frutto è cotto ma non sfatto e lo sciroppo è denso quanto basta.

Versare il composto in barattoli di vetro (non è necessario sterilizzarli perché l'amarena è molto zuccherina) e riporre in luogo fresco.

Si conserva molto a lungo. Normalmente indurisce e lo zucchero si cristallizza, ma basta svuotarla in una pentola, accendere il fuoco e far sciogliere nuovamente lo zucchero. Torna tutto come prima.

# Luglio

## Cotolette di melanzane

Il tempo delle melanzane è lungo: da giugno a settembre. Le melanzane sono dunque una costante dell'orto estivo, ma, al contrario delle zucchine – anch'esse ottime ma meno versatili –, offrono una infinita varietà di preparazioni: più o meno complicate ma tutte buone, e spesso talmente diverse tra loro da rendere difficile l'identificazione dell'ingrediente base.

Tra queste, le cotolette: potrebbero essere carne bianca, funghi, o qualcos'altro ancora – chi le mangia per la prima volta spesso non capisce di cosa si tratta!

*Ingredienti (per 4 pp)*

2 grandi melanzane tunisine a polpa bianca
pangrattato
farina
2 uova
olio per friggere
sale

Lavare le melanzane ed eliminare la parte del picciolo. Con un coltello affilato togliere anche una parte della buccia lasciando la melanzana a strisce (è una regola ferrea, ma non so se serve a dare un po' di consistenza – non troppa – alle fette che si taglieranno poi, oppure a complicare la vita a chi cucina!), poi tagliarle a fette alte almeno poco meno di 1 centimetro.

Passare le fette prima nella farina, poi nell'uovo battuto e infine nel pangrattato, quindi friggerle in olio bollente e salarle quando sono ancora calde.

Sono buone sia calde che fredde.

Impanate, ma non fritte, si possono surgelare e poi friggere dopo averle scongelate lentamente.

## Parmigiana di melanzane (a modo nostro)

Le varianti della parmigiana di melanzane sono tantissime, cambiano da provincia a provincia e spesso da città a città. Quella usata da noi è una delle ricette più semplici e diffuse.

*Ingredienti (per 4 pp)*

4 melanzane medie (in totale, circa 1 kg e 200 g)
300 g circa di salsa di pomodoro già cotta (una tazza da latte quasi piena)
100 g di pecorino stagionato (o parmigiano) grattugiato (4 cucchiai)
foglie di basilico
20 dl circa di olio per friggere
sale

Lavare le melanzane, prepararle e tagliarle a fette come nella ricetta precedente.

Porne uno strato in uno scolapasta e spolverizzarle di sale, poi farne un secondo strato e così via fino a esaurimento. Mettervi sopra un coperchio con un peso e lasciar scolare almeno due ore.

Quando le melanzane hanno perso molta della loro

acqua, spremerle leggermente a gruppi di 3 o 4 fette
per volta tra i palmi delle mani. Intanto, mettere l'o-
lio (circa ½ cm di altezza) in una padella di almeno 30
cm di diametro e accendere il fuoco: quando è caldo,
cominciare a friggere le melanzane già spremute. Dopo averle fritte da una parte, girarle e friggerle dall'altra. A fuoco vivo ci vogliono 5-6 minuti per padellata,
comunque finché le fette non prendono un bel colore
dorato. Scolarle bene e metterle su un piatto.

Quando sono tutte fritte, mettere una cucchiaiata di
salsa di pomodoro sul fondo di una pirofila da forno
(15 x 20 cm circa) e disporvi le fette leggermente so-
vrapposte (a scaletta). Mettere un'altra cucchiaiata di
salsa (a velare tutte le fette), una cucchiaiata di formaggio, qualche foglia di basilico e così via fino alla fine.
Devono essere almeno tre strati sovrapposti (quattro
sarebbe meglio).

Infornare e cuocere a calore medio (180°) per circa
20 minuti.

La parmigiana è molto buona calda, ma forse fredda ancora di più.

Si conserva in frigorifero almeno tre giorni e può anche essere usata, tagliata a pezzetti, per condire la pasta o il riso.

Si surgela molto bene e la si può tenere nel freezer
almeno tre mesi.

## La salsa di pomodoro

Per la salsa di pomodoro ognuno ha la sua ricetta. O, quanto meno, ci sono tanti modi diversi di fare la salsa e tanti gusti diversi: con la cipolla o con l'aglio; con la cipolla passata o con la cipolla che «si sente»; più o meno densa; più dolce (anche con l'aggiunta di zucchero o di carote) o asprigna. Noi appassionati di casa Agnello abbiamo le idee molto chiare sui parametri di una buona salsa: con l'aglio, tanto densa da macchiare il pane di un rosso intenso e non dolce.

Ecco comunque le due varianti accreditate!

*a. Salsa di pomodoro pelato*
2 kg di pomodoro
4 cucchiai di olio
8 spicchi d'aglio
sale, pepe e basilico

Mettere sul fuoco una pentola di media grandezza piena a metà di acqua, portare a ebollizione e immergervi i pomodori. Farli cuocere fino a quando la buccia non si spacca. Spegnere il fuoco, mettere i pomodori sotto l'acqua fredda e pelarli, quindi tagliarli a pezzetti e togliere il più possibile i semi.

Mettere nella pentola di cottura l'olio e l'aglio tagliato a pezzi grossi. Appena comincia a dorare versarvi il pomodoro, condirlo con sale, pepe e qualche foglia di basilico e cuocere a fuoco vivo per una decina di minuti mescolando ogni tanto.

*b. Salsa di pomodoro passato\**
1 l e ½ di passata di pomodoro
4 spicchi d'aglio
3 cucchiai di olio d'oliva
1 cucchiaino da caffè di sale
4/5 foglie di basilico

Versare l'olio nella pentola, aggiungervi l'aglio tagliato a pezzi grossi («così si possono scartare se non piace masticarli», diceva papà, e oltretutto così bruciano meno facilmente) e accendere il fuoco. Non appena l'aglio comincia a imbiondire versarvi la passata di pomodoro, aggiungere il basilico e il sale e mescolare bene.

Cuocere a fuoco vivace (mamma dice sempre che la salsa deve «cuocere», non «cucinare») per circa mezz'ora mescolando di tanto in tanto.

La salsa deve passare da un colore rosso scuro a un arancione intenso, dev'essere densa e, provata su un pezzo di pane, deve colorarlo.

* Se non si vogliono usare le bottiglie di passata già pronta, ecco come la facciamo noi: mettere sul fuoco una pentola piena a metà di acqua. Quando l'acqua bolle, versarvi il pomodoro intero (circa un chilo e mezzo di pomodoro per un litro di passata) già lavato e mondato del picciolo e farlo ammorbidire per 5 minuti (il nostro pomodoro da salsa ha la buccia spessa e così si evita che schizzi quando lo si passa), quindi versarlo in uno scolapasta. Infine, passarlo nel passapomodoro.

## GELO DI MELLONE (ANGURIA)

Il mellone o «muluni d'acqua» (in italiano «anguria») è il frutto dell'estate. Solo un anno venne prodotto nella nostra azienda: la quantità di acqua necessaria a farlo crescere e, forse, i risultati non eccellenti indussero papà a desistere. In azienda non venne mai più coltivato, nemmeno come pianta abituale del nostro orto estivo. Però lo si comprava spesso.

Il «gelo di mellone» è una ricetta palermitana, sconosciuta ad Agrigento e da noi importata nella campagna di Mosè.

A casa nostra, quando si apriva un mellone e lo si trovava non abbastanza dolce, si diceva: «Pare cocuzza!». E subito dopo, con sollievo di tutti: «... e allora facciamo il gelo!», che non è una gelatina, ma una crema cotta.

È per questo che la dose di zucchero è molto variabile: da un massimo di 250 g per litro di succo di un mellone che «pare cocuzza» agli 80-90 g per litro di un altro molto dolce.

*Ingredienti*

1 l di succo di mellone
60 g di amido

da 80 a 250 g di zucchero (secondo la dolcezza del mellone)
80-100 g di cioccolato a pezzetti
15 (o più) fiori di gelsomino

Aprire il mellone, tagliarlo a grossi pezzi e spremer-
ne il succo usando il passapomodoro o la centrifuga. Ottenuto il succo, misurarlo e versarlo in una pentola.

Prendere una tavoletta di cioccolato amaro e tagliarla con un coltello in pezzetti non più grandi dei semi
del mellone; metterli in un bicchiere e riporli nel frigorifero. (Nel nostro frigo c'è sempre un bicchiere con
pezzetti di cioccolato fondente: non si sa mai si dovesse fare il biancomangiare col latte di mandorle o il gelo di mellone).

Per evitare che nell'amido si formino grumi, il sistema usato da mamma è di mescolare le cucchiaiate di
amido e zucchero a freddo, a poco a poco, versandole
in un colino semi-immerso nel succo di mellone.

Non appena l'amido e lo zucchero si sono sciolti nel
succo, diventato di colore rosa, mettere la pentola sul
fornello: all'inizio a fuoco basso per far cuocere l'amido, e poi a fuoco medio, fino a quando, sempre mescolando, il liquido non cambia colore e diventa vermiglio – tanto denso che, facendolo cadere con un mestolo sulla superficie della crema in un filo sottile, questo rimane visibile prima di scomparire nella crema.

Spegnere il fuoco e, con un mestolo, versare in una
pirofila bianca o di vetro uno strato sottile di crema
(1 centimetro). Su questo, posare delicatamente i pez-

zetti di cioccolato amaro (8 o più, a piacere) che erano già stati preparati e messi in frigorifero. Versare quindi un altro po' di crema piano piano, così da non fare affondare o squagliare il cioccolato, e continuare così alternando la crema con i pezzi di cioccolato.

L'ultimo strato di sola crema dev'essere liscio.

A questo punto, aspettare che la crema diventi tiepida e che rassodi (10 minuti circa), poi immergervi i gambi dei gelsomini facendo attenzione a che i petali non tocchino la crema e non appassiscano (si dispongono a piacere, con disegno geometrico o a caso). La crema tiepida assorbirà l'aroma del gelsomino, ma i fiori resteranno intatti.

Non appena freddo, tenere il gelo in frigorifero almeno due o tre ore prima di servirlo.

In frigo dura almeno due giorni.

## Biancomangiare col latte di mandorla

Dedicato a chi ama le creme: questa, che a noi pare la regina dei dolci da cucchiaio, è una crema cotta con il latte di mandorla al posto del latte vaccino, delicata e profumata, bellissima a vedersi sia in piccole porzioni sformate su foglie di vite, sia presentata in una pirofila di vetro. La preparazione è lunga e laboriosa, ma ne vale la pena.

*Ingredienti (per 6 pp)*

150 g di mandorle spellate
4 mandorle amare spellate
la buccia grattugiata di ½ limone
4 o 5 cucchiai di zucchero
70 g di amido
1 l di acqua
80-100 g di cioccolato amaro tagliato a pezzetti
una trentina di pistacchi spellati

Dato che è un procedimento abbastanza lungo, normalmente si preparano almeno 3 dosi di latte di mandorla: le altre due si possono benissimo surgelare per poi cuocere la crema in un secondo tempo.

Far bollire l'acqua in una pentola e versarvi tutte le mandorle (le dolci e le amare). Spegnere e aspettare almeno cinque minuti prima di scolarle e togliere la buccia marrone.

Usare lo stesso procedimento per spellare i pistacchi, che hanno una buccia molto più dura e scivolosa e sono più piccoli: ci vuole pazienza!

Mettere le mandorle spellate in una ciotola e versarvi sopra 1 l di acqua. Lasciarle a bagno dodici ore.

Passata questa mezza giornata, frullarle con la stessa acqua in cui sono state immerse e lasciare tutto così per un'altra ora. Quindi, filtrare con una garza fitta, spremere bene e – purtroppo! – buttare via la polpa di mandorla rimasta nella garza.

A questo punto, utilizzare il latte di mandorla così ottenuto per preparare la crema seguendo esattamente lo stesso procedimento del gelo di mellone (vedere p. 231), utilizzando il colino per incorporare amido e zucchero e aggiungendo in più la buccia grattugiata del limone.

Quando la crema è pronta, la si può mettere in una pirofila, oppure – come faceva mamma – in coppette da capovolgere sulle foglie di vite.

Decorare con pistacchi spellati interi disposti geometricamente oppure tritati grossolanamente con il coltello.

235

# Agosto

## TORTINO DI ZUCCHINE, PATATE E CIPOLLE AL FORNO

La zucchina siciliana, quella lunga lunga verde pallido (la zucchina dei tenerumi), quando la si produce nel proprio orto è il piacere e l'incubo della cucina estiva: è una pianta molto generosa e le zucchine, che iniziano a fine giugno, continuano a crescere e a maturare ininterrottamente fino alla fine di settembre! E allora, dopo la pasta con i tenerumi, la zucchina bollita con olio e limone – consumata calda la sera e fredda l'indomani a pranzo – e la minestrina con la zucchina a dadini piccoli piccoli, la ricerca di nuovi utilizzi ci ha portato al tortino cotto al forno, arricchito e modificato negli anni fino alla attuale ricetta.

È conveniente prepararlo seguendo le dosi per 8 persone: riscaldato al forno o in padella, è molto buono anche il giorno dopo.

Lo si può usare anche come condimento per una frittata al forno o rotonda in padella.

Si può sostituire la zucchina siciliana con una zucchina qualunque, ma dato che la nostra varietà è molto più acquosa delle altre è bene aggiungere al tortino, prima di infornarlo, ½ bicchiere d'acqua.

*Ingredienti (per circa 8 pp)*

1 kg e ½ di patate
500 g di zucchine
400 g di cipolle
80 cl di olio d'oliva
400 g di passata di pomodoro
400 g di formaggio
qualche cucchiaio di origano
1 tazzina da caffè di mandorle tritate
150 g circa di basilico tritato
sale e pepe

Sbucciare e tagliare a fettine sottili (½ centimetro circa) le patate e metterle in una ciotola. Fare la stessa cosa con le zucchine e le cipolle. (Si può tagliare col coltello o si può usare una macchinetta qualunque che tagli a fettine sottili).

Tagliare il formaggio (pecorino fresco con o senza pepe) a piccolissimi dadi e metterlo in una ciotola.

Tritare finemente il basilico con le mandorle, metterli in un bicchiere, ammorbidire con un filo di olio e mescolare.

Prendere una teglia da forno (diametro 25-30 cm) a bordo alto, distribuire sul fondo 1 cucchiaio di olio e disporvi uno strato di patate condite con sale e pepe, 3 o 4 cucchiaiate di passata di pomodoro, 1 di formaggio a dadini, una spruzzata di origano e 1 cucchiaio del trito di mandorle e basilico.

Fare un secondo strato con le zucchine condite nella stessa maniera e poi un terzo con le cipolle, aggiungendo lo stesso condimento. Un quarto strato con le patate, poi ancora zucchine e poi cipolle; infine, come ultimo strato, le patate.

Coprire con la carta da forno, infornare e cuocere a calore medio (180°) per circa 1 ora e mezzo. Dopo meno di un'ora, provare la cottura con uno spiedino: se entra con facilità attraversando tutti gli strati, togliere la carta e continuare la cottura per almeno altri 20 minuti, fin quando le patate non prendono un bel colore dorato.

## ZUCCHINE, PATATE E CIPOLLE IN TEGAME

Ecco un'altra ricetta, più diffusa (probabilmente perché più veloce e più semplice), che ha come ingrediente base le zucchine da tenerumi. È divertente considerare come, con quasi gli stessi ingredienti, un modo diverso di tagliare e di cuocere le verdure possa determinare una così grande differenza nel gusto.

*Ingredienti (per 4 pp)*

800 g circa di zucchine
600 g circa di patate
400 g circa di cipolle
2 spicchi d'aglio
1 cucchiaio di estratto di pomodoro oppure concentrato di pomodoro
3 cucchiai di olio d'oliva
sale e pepe

Sbucciare le zucchine e tagliarle a tocchetti di circa 3 cm.
Sbucciare le patate e tagliarle a tocchetti più piccoli.
Sbucciare le cipolle e tagliarle a fettine sottili.
Sbucciare l'aglio e tagliarlo a pezzetti.

Versare l'olio in un tegame di terracotta, oppure in una padella a bordi alti, accendere il fuoco tenendolo vivace e mettervi l'aglio e la cipolla: non appena iniziano a soffriggere, aggiungere le patate, farle insaporire e infine aggiungere le zucchine.

Condire con sale e pepe e 1 cucchiaio di estratto di pomodoro sciolto in mezzo bicchiere d'acqua. Coprire e abbassare la fiamma. Lasciar cuocere per circa 30 minuti. Ogni tanto controllare la cottura con una forchetta e se necessario aggiungere un po' di acqua. Zucchine, patate, cipolle devono essere morbide e con un sughetto denso.

## POLPETTE

Non si cucina molta carne, in casa Agnello: la nostra cucina era infatti fondamentalmente vegetariana e tale è rimasta. Ma c'è sempre stata una passione che ci unisce tutti: le polpette. Mangiate appena fritte, calde calde; oppure, immerse nella salsa di pomodoro; o ancora, riscaldate in un tegame pieno di piselli già cotti con la cipolletta e l'olio.

Le polpette mettono allegria e credo sia essenzialmente per le polpette se non sono vegetariana!

Friggerle con i bambini intorno è rischioso, perché le rubano, ma lo è anche con gli adulti: pretendono sempre di toccare, controllare, addirittura di mettere becco sugli ingredienti... e poi di assaggiare, «soltanto per vedere come sono venute», naturalmente, e «per capire se le dosi sono giuste», e... «una sola, per piacere!».

Il tempo di cottura è quello della frittura, circa 20 minuti.

*a. Polpette di carne*
*Ingredienti (per 8 pp)*
300 g di carne macinata di vitello
300 g di carne macinata di maiale
1 uovo intero

242

1 cucchiaino da tè di prezzemolo tritato finemente
2 cucchiai di pangrattato
2 cucchiai di parmigiano grattugiato
2 cucchiai di latte freddo
100 cl circa di olio per friggere
sale e pepe

Mettere le due varietà di carne macinata in una ciotola abbastanza capiente e mescolarle bene, aggiungervi l'uovo, il pangrattato, il formaggio, sale e pepe e amalgamare tutto, aggiungendo il latte per ammorbidire l'impasto. Mettere vicino alla ciotola un piatto fondo pieno d'acqua: serve per bagnarsi le mani prima di cominciare a modellare le polpette. Prendere una quantità di impasto pari a un uovo piccolino, farne una pallina, schiacciarla un po' e posarla su un vassoio. Continuare così fino alla fine, bagnando spesso le mani nell'acqua in modo che l'impasto non vi rimanga attaccato.

Quando le polpette sono tutte fatte, versare l'olio in padella e cominciare a friggerle. Man mano che sono pronte, metterle in un piatto da portata con sotto un foglio di carta per assorbire l'eccesso di olio.

### b. Polpette di melanzane

Variante meravigliosa delle polpette di carne, con in più il valore aggiunto del sapore dell'estate e delle vacanze! Per quante se ne facciano, risultano sempre troppo poche.

Qui ho scritto: «dose per 6 persone», ma considerata la passione per queste polpette che accomuna tutta la famiglia – dalla bisnonna ai bisnipoti –, questa da noi è la dose per non più di 2!

Il tempo di cottura è quello della frittura.

*Ingredienti (per 6 pp)*

500 g di melanzane
1 spicchio d'aglio
10 foglioline di menta
1 uovo
100-120 g di pangrattato
30-50 g di formaggio grattugiato (parmigiano o peco-
        rino stagionato)
farina
½ bicchiere di olio
sale e pepe

Lavare le melanzane, tagliare la parte col picciolo, incidere una croce abbastanza profonda nella parte tagliata e infornare in una teglia col taglio in alto e coperta da un foglio di carta da forno. Cuocere a calore medio (180°) per un'ora, un'ora e mezzo. (La melanzana è cotta quando uno spiedino vi entra con facilità).

Passare le melanzane nel passapomodoro, oppure ridurle in crema con il mixer, quindi versarle in una ciotola e aggiungere sale, pepe, il pangrattato, l'uovo (intero), il formaggio grattugiato, la menta e l'aglio tritati finissimi.

Mescolare bene con un cucchiaio – l'impasto deve risultare morbido.

Mettere la farina in un vassoio, prendere piccole quantità di impasto con un cucchiaio, farne delle polpette (circa 4 cm di diametro e piuttosto schiacciate) e passarle nella farina.

Friggerle in abbondante olio caldo.

Sono buone così, o con sopra un cucchiaino di salsa di pomodoro e una fogliolina fresca di basilico.

Si mangiano anche fredde e si possono surgelare già fritte: dopo averle scongelate in frigorifero, passarle al forno prima di servirle in tavola con o senza salsa.

Si può surgelare anche il semplice passato di melanzana, pronto per essere condito e trasformato in polpette.

## POMODORI RIPIENI

Mentre sono moltissime le ricette a base di melanzane, peperoni e zucchine, molto poche sono quelle a base di pomodori. La loro fine è la salsa o l'insalata.

Questa è una delle poche ricette da sempre presenti nella cucina di casa Agnello.

Può essere sia un antipasto, sia un piatto forte.

*Ingredienti (per 4 pp)*

6 pomodori da insalata maturi e carnosi
100 g di pangrattato
50 g di pecorino fresco tagliato a dadini piccolissimi
2 spicchi d'aglio
2 cucchiai di capperi
1 cucchiaino da tè di prezzemolo
1 cucchiaino da tè di menta
1 cucchiaino da tè di basilico
2-3 cucchiai di olio
sale e pepe

Lavare e tagliare a metà (in orizzontale) i pomodori. Prendere una ciotola, mettervi sopra un colino e svuotare i mezzi pomodori di semi e succo. Poi metterli, capovolti, su un vassoio.

Gettare i semi rimasti nel colino e aggiungere al succo dei pomodori il pangrattato, sale e pepe, le erbe tritate molto finemente, il formaggio tagliato a dadini piccolissimi, i capperi tritati grossolanamente e 1 cucchiaio abbondante di olio d'oliva. Mescolare bene.

L'impasto deve risultare morbido: se è asciutto aggiungere un po' di acqua, se è troppo molle un po' di pangrattato.

Riempire i pomodori con questo impasto, schiacciandolo bene, poi disporli in una teglia da forno, versarvi sopra un filo d'olio, infornare e cuocere a calore medio (180°) per circa mezz'ora.

Sono più buoni serviti tiepidi o completamente freddi.

Si surgelano bene.

## Pesto povero

Per spezzare la monotonia della pur ottima pasta con la salsa, e per utilizzare la grande quantità di basilico che si produceva a partire dai primi di luglio, in casa si usava una variante povera del pesto genovese: una semplice base di basilico pestato e aromatizzato con aglio, olio, sale e pepe, servita col formaggio grattugiato.

È un condimento leggero e molto aromatico, ottimo per la pasta come per il riso. Si può usare anche per insaporire una semplice frittata.

Nel tempo ho modificato la ricetta, provando e aggiungendo altre erbe estive (le proporzioni sono variabili ma il risultato è sempre buono): ecco quella che seguiamo adesso.

*Ingredienti (per 4 pp)*

1 tazza da latte di foglie di basilico
1 tazzina da caffè di foglie di prezzemolo
3 o 4 foglie grandi di salvia
1 cucchiaio di aghi di rosmarino
1 cucchiaio di foglie di menta
la buccia sottile di ¼ di limone
1 pomodoro piccolino intero (con semi e buccia)

1 spicchio d'aglio
5-6 mandorle
1 presa di sale
1 macinata di pepe
4-5 cucchiai di olio (inclusi quelli da usare alla fine per condire la pasta nella zuppiera)

Prima, per pestare le erbe si usava il mortaio: adesso si mette tutto nel mixer e si trita aggiungendo l'olio a poco a poco, fino a ottenere un composto non troppo fine (è bene sentire tra i denti le diverse componenti, e dunque dev'essere abbastanza denso).

Mentre la pasta cuoce, mettere sul fondo della zuppiera 1 cucchiaio di acqua di cottura, 1 di olio crudo e la metà del pesto. Mescolare bene, scolare la pasta, versarvela sopra, mescolare ancora e aggiungere l'altra metà del pesto (anche questa, ammorbidita con 1 cucchiaio di olio e 1 di acqua di cottura).

Servire col formaggio grattugiato – pecorino o parmigiano, a piacere.

Si surgela benissimo in piccole porzioni.

# Settembre

## Coniglio o pollo al rosmarino

Anche se in casa nostra la carne non si cucinava spesso, ogni tanto papà andava a caccia e portava dei conigli. A volte venivano cucinati col rosmarino. E così si preparava, e si prepara, pure il pollo.

Tempo di cottura: 30-40 minuti.

*Ingredienti (per 4 pp)*

1 coniglio (o 1 pollo)
1 cipolla da circa 200 g
1 tazzina da caffè di aghi di rosmarino
½ bicchiere di vino rosso
200 g circa di passata di pomodoro o di pomodoro pelato a pezzettini
4 cucchiai di olio d'oliva
sale e pepe

Tagliare il coniglio a pezzi.

Tritare molto finemente la cipolla e il rosmarino.

Mettere il trito di cipolla e rosmarino e i pezzi del coniglio in una padella abbastanza capiente. Accendere il fuoco e aggiungere 2-3 cucchiai di olio.

Far rosolare a fuoco vivace fino a quando la carne

non si è colorita, a questo punto salare e pepare a piacere e aggiungere il vino e il pomodoro. Far amalgamare a fiamma vivace e poi, dopo aver coperto la padella, continuare la cottura a fuoco basso controllando ogni tanto. Il sugo dev'essere abbastanza denso.

È un piatto semplice, piuttosto veloce e molto saporito.

È buono anche come piatto unico servito con un risotto condito col pesto povero.

## PEPERONI COL PANGRATTATO

Mamma è sempre stata allergica ai peperoni e quindi a casa nostra si cucinavano di rado. Questa era una delle ricette più seguite. Si usano i piccoli peperoni verdi a buccia sottile che qui si chiamano «nostrani» o di tipo «friggitello», conici, lunghi una decina di centimetri.

Gli ingredienti sono tanti, ma, una volta che sono tutti pronti, la preparazione del piatto richiede poco tempo.

Tempo di cottura: 30-40 minuti.

*Ingredienti (per 4 pp)*

12 peperoni
2 spicchi d'aglio tagliati a pezzetti piccoli
3 cucchiai di pangrattato
3 cucchiai di formaggio grattugiato o tagliato a piccolissimi dadini
5 cucchiai di passata di pomodoro o di pomodoro pelato a pezzettini
2 cucchiai di trito di mandorle e basilico
2 acciughe a pezzetti
1 cucchiaio di capperi
3 cucchiai di olio

Lavare i peperoni dopo averli tagliati a metà, per lungo, e aver tolto i semi.

Mettere un filo d'olio sul fondo di una pirofila da forno e disporvi uno strato con 7 mezzi peperoni con la parte interna rivolta verso l'alto: spargervi sopra 1 cucchiaio di pangrattato, 1 di formaggio, 1 di passata di pomodoro, qualche cappero, qualche pezzetto di acciuga, buona parte di 1 cucchiaio di trito di basilico e mandorle, sale, pepe e un filo d'olio.

Disporre un secondo strato di peperoni conditi nella stessa maniera, e poi un terzo e ultimo strato.

Coprire con un foglio di carta da forno o di alluminio, infornare e cuocere a calore medio (180°) per circa mezz'ora. Controllare la cottura e tenerli in forno gli ultimi cinque minuti senza copertura.

Sono buoni anche freddi e si possono surgelare bene.

## ZUCCA FRITTA CON LE CIPOLLE

A casa nostra la zucca gialla la si ama oppure la si odia, e per un unico motivo: perché è dolce.

Quando Simonetta e io eravamo bambine non era molto usata, ma in genere questo piatto aveva il potere di unificare i due partiti, quello dei pro e quello dei contro: l'agrodolce nobilitava e stemperava la dolcezza della zucca – che d'altro canto si produceva nell'orto e quindi in un modo o nell'altro si doveva cucinare e mangiare.

È un ottimo antipasto, e l'accompagnamento perfetto di un pranzo a base di formaggi e insalate.

Il tempo di cottura è quello della frittura della zucca e delle cipolle: circa 30 minuti.

*Ingredienti (per 4 pp)*

440 g di zucca gialla
300 g di cipolla
6 cucchiai di olio
½ bicchiere di aceto
2 cucchiaini da tè di zucchero
foglie di menta a piacere
sale e pepe

Sbucciare e pulire la zucca, quindi tagliarla a fettine spesse meno di 1 cm e grandi come mezzo palmo di mano.

Scaldare l'olio in una padella e friggere le fettine di zucca facendole ben dorare da tutte e due le parti, poi metterle a riposare in un piatto.

Tagliare la cipolla a fettine sottili e friggerla nella stessa padella usata per la zucca, aggiungendo olio se necessario. Quando è pronta, metterla da parte.

In un pentolino scaldare il ½ bicchiere di aceto con 2 cucchiaini di zucchero, fino a quando non sia completamente sciolto. Aggiungervi un po' dell'olio scolato dalle fettine di zucca.

Disporre adesso in una ciotola larga uno strato di fette di zucca e uno di cipolle, poi bagnare con l'aceto aromatizzato e aggiungere qualche foglia di menta, continuando così fino alla fine.

Far riposare una mezza giornata.

## Caponata di melanzane

Come la parmigiana, e forse ancora di più, la caponata è ricetta regina per le melanzane. In Sicilia le varianti sono moltissime: melanzane a pezzi grossi o piccoli, condimento tagliato fine o grosso, olio più o meno abbondante, con o senza mandorle, con il cioccolato amaro oppure no, e chissà quante altre a me sconosciute.

A casa nostra si fa con le melanzane tagliate a dadini piccoli, il condimento tagliato molto fine e poco olio. Veniva preparata durante tutta l'estate, ma in settembre, insieme alle melanzane sott'olio, la si preparava in quantità e la si metteva in barattoli di vetro, sterilizzati e conservati per tutto l'inverno.

*Ingredienti (per 6 pp)*

800 g circa di melanzane
1 tazzina da caffè di sedano tagliato molto fine
200 g circa di cipolla
2 cucchiai di capperi
1 tazza di olive verdi
3 cucchiai di passata di pomodoro
½ bicchiere di aceto

1 cucchiaio di zucchero
400 dl circa di olio per friggere

Lavare, togliere il gambo e qualche striscia di buccia alle melanzane.

Tagliarle a fette spesse 2-3 cm e poi ridurle a dadini dentro uno scolapasta. Spolverizzare con il sale e mescolare un po', in modo che il sale si distribuisca uniformemente. Mettervi sopra un coperchio con un peso e lasciar scolare almeno due ore, finché le melanzane non avranno perso molta della loro acqua; a quel punto, strizzarle leggermente. Friggere i dadini di melanzana in olio bollente fin quando non avranno preso un bel colore dorato, poi metterli in una ciotola su un foglio di carta per assorbire l'olio in eccesso.

Tritare molto finemente (nel mixer, oppure con la mezzaluna sul tagliere) cipolla, sedano, capperi e le olive prima denocciolate. Scaldare in una padella 4 cucchiai di olio, versarvi il trito e far cuocere a fuoco vivace fin quando la cipolla non imbiondisce, quindi aggiungere 3 cucchiai di passata di pomodoro e far cuocere altri 5 minuti.

Spegnere il fuoco e aggiungere metà dell'aceto e dello zucchero, mescolare e far riposare 5 minuti.

L'altra metà dell'aceto e dello zucchero va tenuta da parte: l'agrodolce ha sempre un gusto molto particolare e personale e se ne realizza appieno il sapore una volta che tutti gli ingredienti sono freddi e «riposati» da almeno un'ora.

A questo punto unire l'intingolo ai dadini di melanzane già fritti e scolati dall'olio e amalgamare bene.

Far riposare almeno un'ora. Poi assaggiare e aggiungere l'aceto e lo zucchero tenuti da parte, tutto oppure solo un po', o niente del tutto; a vostro gusto.

Si può surgelare o mettere in barattoli di vetro da sterilizzare.

## BUDINO DI SEMOLINO CON LA COTOGNATA

Questo budino si cominciava a farlo in settembre, quando rimaneva soltanto qualche formetta un po' dura e rinsecchita della cotognata preparata nell'autunno precedente – al tempo delle cotogne. Era il momento di questo dolce semplice e molto buono.

Nel tempo, ho scoperto che la cotognata può essere egregiamente sostituita dal succo di amarena.

*Ingredienti*

1 l di latte
260 g di semolino
140 g di zucchero
4 uova
la buccia grattugiata di 1 limone
30 g di burro
1 formetta di cotognata da circa 150 g
1 pizzico di sale

Tagliare la cotognata a fettine spesse circa ½ centimetro.

Ungere con olio e spolverizzare con pangrattato uno stampo da budino con il buco (diametro 25 cm). Mettere il latte in un pentolino e portarlo a ebollizione. Toglierlo dal fuoco e versarvi il semolino a pioggia o con l'aiuto di un colino molto fine, mescolando sempre. Riaccendere a fuoco basso e mescolare fino a quando l'impasto non si stacca dal fondo. Non è un'operazione lunga: ci vogliono circa 5 minuti.

A questo punto, togliere il pentolino dal fuoco e aggiungervi il burro, lo zucchero, il sale, la buccia del limone grattugiata e le uova battute come per una frittata.

Amalgamare bene e cominciare a versare nello stampo, a cucchiaiate, uno strato di semolino; sopra, alcune fettine di cotognata, poi di nuovo semolino e così via.

Infornare e cuocere a temperatura media (180°) per circa mezz'ora.

Quando il budino è gonfio e assume un bel colore dorato è pronto. Tirarlo fuori dal forno, aspettare che si raffreddi un po' (una decina di minuti) e poi capovolgerlo sul piatto da portata.

È buono tiepido, ma anche freddo, e viene servito con succo di amarena da usare a piacere.

## GELATINA DI UVA E DI MELAGRANA

Le gelatine – di arancia, mandarino, caffè ecc. – erano tra i dolci che si preparavano più spesso in casa nostra e ancora lo sono.

A fine estate si facevano quelle di uva e di melagrana.

La ricetta è sempre uguale, di qualunque frutto sia il succo.

Tempo di preparazione (con il succo già pronto): 10 minuti.

*Ingredienti (per 6 pp)*

1 l di succo d'uva (bianca o rossa, non fa differenza)
3-5 cucchiai di zucchero (secondo la dolcezza della frutta)
20 g per litro di colla di pesce (salvo diverse indicazioni della specifica marca di colla di pesce)
200 g di panna montata poco zuccherata

Ottenuto il succo, con la centrifuga o con uno spremiuva (a Mosè usiamo ancora quello della nostra infanzia), metterlo in una ciotola e aggiungere lo zucchero necessario. Mescolare fin quando non si sia sciolto bene, assaggiare e aggiustare di zucchero. (Le nostre gelatine sono tutte un po' aspre perché vengono sempre accompagnate dalla panna montata zuccherata).

Mettere in un pentolino i fogli di colla di pesce con un po' d'acqua e di succo d'uva e farli sciogliere completamente a fuoco molto basso, muovendo sempre con un cucchiaio. A questo punto, con l'aiuto di un colino versare il tutto nel succo d'uva già zuccherato, mescolare e trasferire nelle forme da capovolgere, oppure in coppette di vetro.

Tenere la gelatina in frigorifero almeno tre ore prima di servirla.

In genere la si prepara la mattina per servirla la sera o l'indomani.

*Per la gelatina di melagrana*

Stesse dosi e stessa procedura della gelatina d'uva.

Per ottenere il succo (che si può anche surgelare), lo strumento ideale è la centrifuga.

La dose di zucchero dipende dal tipo di melagrana che si ha, dolce o aspra: per quella aspra, anche da 7 a 10 cucchiai.

Il colore rubino di questa gelatina è veramente magnifico.

# Ringraziamenti

Ringrazio innanzitutto mia sorella Chiara per aver accettato di scrivere questo libro insieme a me. Anche Silvano – il figlio di zia Teresa e zio Peppino, il nostro cugino-quasi fratello – merita un ringraziamento particolare: ha letto attentamente le bozze e dato utili suggerimenti. Non ha trovato, purtroppo, una foto di sua madre di quegli anni, ma era un'impresa davvero ardua: zia Teresa – come anche papà – non amava comparire in fotografia ed era abilissima a schivare l'obiettivo. In ogni caso, rievocare l'infanzia, mettere insieme e confrontare i ricordi di ognuno ci ha fatto tornare tutti e tre bambini, riscaldando il mio cuore di emigrante e, credo, anche i loro.

Ringrazio poi Vincenzo Vella, il figlio di Rosalia e Luigi, che a Mosè ha dedicato la sua vita: è stato anche per merito suo se prima io e poi i miei figli abbiamo imparato ad amare la campagna.

Grazie a Giovanna Salvia, con la quale ho lavorato su tutti i miei romanzi e che questa volta è stata il mio unico editor. In questa nuova avventura mi ha sostenuta con perizia e dedizione se è possibile ancora maggiori. E ci siamo divertite, come fosse venuta a giocare con noi a Mosè.

Grazie ad Antonio Sellerio, per avermi accolto – la scorsa estate, in un momento per lui molto difficile – con cortesia, solerzia e professionalità ineccepibili.

Ringrazio infine Simone Bonanni, Elena Boni, Giovanna Brucato, Giulio Calabrese, Amelia Crisantino, Silvia Cocco, Anna De Luca, Emanuela Gallo, Effie Harvie, Alison Hornby, Rebecca Hornby, Enza Lima, Alba Lo Sardo, Gianna Marcellino, Luca Poggi, Giorgia Sessi, Ilaria Vighi, Simone Zoppi, che hanno provato le ricette estive di casa Agnello nel bel mezzo dell'inverno; in particolare, quanti – in Italia e in Inghilterra – hanno dovuto battere le botteghe dei fruttivendoli e i supermercati alla ricerca di ingredienti fuori stagione.

E a questo punto non mi resta che invitare il lettore a venire a trovarci a Mosè.

# Indice

*Un filo d'olio*

Sorelle                                                    11
  1. La donna con la testa nel sacco                       15
  2. «Nonché Mosè»                                         23
  3. La minestrina primavera di Giovannina                 33
  4. I primi giorni di villeggiatura                       39
  5. La famiata di Rosalia                                 52
  6. I primi ospiti: i nonni                               61
  7. Arrivano zio Peppino, zia Teresa e Silvano            66
  8. Le spedizioni nei tetti morti                         73
  9. Le infrazioni di zia Teresa e mamma, insieme
     a Paolo                                               78
 10. Giochi di gruppo: merende, scavi e bersaglieri        86
 11. I pretini                                             93
 12. L'amore dei piccoli                                  101
 13. L'amore dei grandi                                   107
 14. Amor sacro e amor profano                            115
 15. I sogni romantici delle mennulare                    121
 16. Il fermo, la paura e i serpenti                      128
 17. Tempi difficili                                      137
 18. Comincio a cucinare                                  145

19. I dolci dell'estate   152
20. Le ospiti anziane   155
21. Topi e pipistrelli   160
22. Fiori e spine   167
23. Le raccolte   175
24. La partenza   180

*Le ricette* di Chiara Agnello

Qualche nota alle ricette   193

MAGGIO
Caffè di Rosalia o del parrino   195
Tuma all'argentiera   197
Pasta con le zucchine fritte   199
Zucchine fritte con aglio, menta, zucchero
e aceto   201
Zucchine, patate e cipolle con carne   203
Zuppa inglese   205

GIUGNO
Uova alla romana   211
Trippa d'uovo   214
Spiedini con tuma e acciughe   216
Crostata di frutta fresca   218
Semplice dolce di frutta (ottimo)   221
Amarena   223

LUGLIO
Cotolette di melanzane   225

Parmigiana di melanzane (a modo nostro)          227
La salsa di pomodoro                             229
Gelo di mellone (anguria)                        231
Biancomangiare col latte di mandorla             234

AGOSTO
Tortino di zucchine, patate e cipolle al forno   237
Zucchine, patate e cipolle in tegame             240
Polpette                                         242
Pomodori ripieni                                 246
Pesto povero                                     248

SETTEMBRE
Coniglio o pollo al rosmarino                    251
Peperoni col pangrattato                         253
Zucca fritta con le cipolle                      255
Caponata di melanzane                            257
Budino di semolino con la cotognata              260
Gelatina di uva e di melagrana                   262

Ringraziamenti                                   265

Questo volume è stato stampato
su carta Palatina
delle Cartiere Miliani di Fabriano
nel mese di aprile 2011
presso la Leva Arti Grafiche s.p.a. - Sesto S. Giovanni (MI)
e confezionato
presso IGF s.p.a. - Aldeno (TN)

La memoria

*Ultimi volumi pubblicati*

401 Andrea Camilleri. La voce del violino
402 Goliarda Sapienza. Lettera aperta
403 Marisa Fenoglio. Vivere altrove
404 Luigi Filippo d'Amico. Il cappellino
405 Irvine Welsh. La casa di John il Sordo
406 Giovanni Ferrara. La visione
407 Andrea Camilleri. La concessione del telefono
408 Antonio Tabucchi. La gastrite di Platone
409 Giuseppe Pitrè, Leonardo Sciascia. Urla senza suono. Graffi-
    ti e disegni dei prigionieri dell'Inquisizione
410 Tullio Pinelli. La casa di Robespierre
411 Mathilde Mauté. Moglie di Verlaine
412 Maria Messina. Personcine
413 Pierluigi Celli. Addio al padre
414 Santo Piazzese. La doppia vita di M. Laurent
415 Luciano Canfora. La lista di Andocide
416 D. J. Taylor. L'accordo inglese
417 Roberto Bolaño. La letteratura nazista in America
418 Rodolfo Walsh. Variazioni in rosso
419 Penelope Fitzgerald. Il fiore azzurro
420 Gaston Leroux. La poltrona maledetta
421 Maria Messina. Dopo l'inverno
422 Maria Cristina Faraoni. I giorni delle bisce nere
423 Andrea Camilleri. Il corso delle cose
424 Anthelme Brillat-Savarin. Fisiologia del gusto
425 Friedrich Christian Delius. La passeggiata da Rostock a Siracusa
426 Penelope Fitzgerald. La libreria

427 Boris Vian. Autunno a Pechino
428 Marco Ferrari. Ti ricordi Glauber
429 Salvatore Nicosia. Peppe Radar
430 Sergej Dovlatov. Straniera
431 Marco Ferrari. I sogni di Tristan
432 Ignazio Buttitta. La mia vita vorrei scriverla cantando
433 Sergio Atzeni. Raccontar fole
434 Leonardo Sciascia. Fatti diversi di storia letteraria e civile
435 Luisa Adorno. Sebben che siamo donne…
436 Philip K. Dick. Le tre stimmate di Palmer Eldritch
437 Philip K. Dick. Tempo fuori luogo
438 Adriano Sofri. Piccola posta
439 Jorge Ibargüengoitia. Due delitti
440 Rex Stout. Il guanto
441 Marco Denevi. Assassini dei giorni di festa
442 Margaret Doody. Aristotele detective
443 Noël Calef. Ascensore per il patibolo
444 Marie Belloc Lowndes. Il pensionante
445 Celia Dale. In veste di agnello
446 Ugo Pirro. Figli di ferroviere
447 Penelope Fitzgerald. L'inizio della primavera
448 Giuseppe Pitrè. Goethe in Palermo
449 Sergej Dovlatov. La valigia
450 Giulia Alberico. Madrigale
451 Eduardo Rebulla. Sogni d'acqua
452 Maria Attanasio. Di Concetta e le sue donne
453 Giovanni Verga. Felis-Mulier
454 Friedrich Glauser. La negromante di Endor
455 Ana María Matute. Cavaliere senza ritorno
456 Roberto Bolaño. Stella distante
457 Ugo Cornia. Sulla felicità a oltranza
458 Maurizio Barbato. Thomas Jefferson o della felicità
459 Il compito di latino. Nove racconti e una modesta proposta
460 Giuliana Saladino. Romanzo civile
461 Madame d'Aulnoy. La Bella dai capelli d'oro e altre fiabe
462 Andrea Camilleri. La gita a Tindari
463 Sergej Dovlatov. Compromesso
464 Thomas Hardy. Piccole ironie della vita

465 Luciano Canfora. Un mestiere pericoloso
466 Gian Carlo Fusco. Le rose del ventennio
467 Nathaniel Hawthorne. Lo studente
468 Alberto Vigevani. La febbre dei libri
469 Dezső Kosztolányi. Allodola
470 Joan Lindsay. Picnic a Hanging Rock
471 Manuel Puig. Una frase, un rigo appena
472 Penelope Fitzgerald. Il cancello degli angeli
473 Marcello Sorgi. La testa ci fa dire. Dialogo con Andrea Camilleri
474 Pablo De Santis. Lettere e filosofia
475 Alessandro Perissinotto. La canzone di Colombano
476 Marta Franceschini. La discesa della paura
477 Margaret Doody. Aristotele e il giavellotto fatale
478 Osman Lins. L'isola nello spazio
479 Alicia Giménez-Bartlett. Giorno da cani
480 Josephine Tey. La figlia del tempo
481 Manuel Puig. The Buenos Aires Affair
482 Silvina Ocampo. Autobiografia di Irene
483 Louise de Vilmorin. La lettera in un taxi
484 Marinette Pendola. La riva lontana
485 Camilo Castelo Branco. Amore di perdizione
486 Pier Antonio Quarantotti Gambini. L'onda dell'incrociatore
487 Sergej Dovlatov. Noialtri
488 Ugo Pirro. Le soldatesse
489 Berkeley, Dorcey, Healy, Jordan, MacLaverty, McCabe, McGahern, Montague, Morrissy, Ó Cadhain, Ó Dúill, Park, Redmond. Irlandesi
490 Di Giacomo, Dossi, Moretti, Neera, Negri, Pariani, Pirandello, Prosperi, Scerbanenco, Serao, Tozzi. Maestrine. Dieci racconti e un ritratto
491 Margaret Doody. Aristotele e la giustizia poetica
492 Theodore Dreiser. Un caso di coscienza
493 Roberto Bolaño. Chiamate telefoniche
494 Aganoor, Bernardini, Contessa Lara, Guglielminetti, Jolanda, Prosperi, Regina di Luanto, Serao, Térésah, Vertua Gentile. Tra letti e salotti
495 Antonio Pizzuto. Si riparano bambole
496 Paola Pitagora. Fiato d'artista

497 Vernon Lee. Dionea e altre storie fantastiche
498 Ugo Cornia. Quasi amore
499 Luigi Settembrini. I Neoplatonici
500
501 Alessandra Lavagnino. Una granita di caffè con panna
502 Prosper Mérimée. Lettere a una sconosciuta
503 Le storie di Giufà
504 Giuliana Saladino. Terra di rapina
505 Guido Gozzano. La signorina Felicita e le poesie dei «Colloqui»
506 Ackworth, Forsyth, Harrington, Holding, Melyan, Moyes, Rendell, Stoker, Vickers, Wells, Woolf, Zuroy. Il gatto di miss Paisley. Dodici racconti gialli con animali
507 Andrea Camilleri. L'odore della notte
508 Dashiell Hammett. Un matrimonio d'amore
509 Augusto De Angelis. Il mistero delle tre orchidee
510 Wilkie Collins. La follia dei Monkton
511 Pablo De Santis. La traduzione
512 Alicia Giménez-Bartlett. Messaggeri dell'oscurità
513 Elisabeth Sanxay Holding. Una barriera di vuoto
514 Gian Mauro Costa. Yesterday
515 Renzo Segre. Venti mesi
516 Alberto Vigevani. Estate al lago
517 Luisa Adorno, Daniele Pecorini-Manzoni. Foglia d'acero
518 Gian Carlo Fusco. Guerra d'Albania
519 Alejo Carpentier. Il secolo dei lumi
520 Andrea Camilleri. Il re di Girgenti
521 Tullio Kezich. Il campeggio di Duttogliano
522 Lorenzo Magalotti. Saggi di naturali esperienze
523 Angeli, Bazzero, Contessa Lara, De Amicis, De Marchi, Deledda, Di Giacomo, Fleres, Fogazzaro, Ghislanzoni, Marchesa Colombi, Molineri, Pascoli, Pirandello, Tarchetti. Notti di dicembre. Racconti di Natale dell'Ottocento
524 Lionello Massobrio. Dimenticati
525 Vittorio Gassman. Intervista sul teatro
526 Gabriella Badalamenti. Come l'oleandro
527 La seduzione nel Celeste Impero
528 Alicia Giménez-Bartlett. Morti di carta
529 Margaret Doody. Gli alchimisti

530 Daria Galateria. Entre nous

531 Alessandra Lavagnino. Le bibliotecarie di Alessandria

532 Jorge Ibargüengoitia. I lampi di agosto

533 Carola Prosperi. Eva contro Eva

534 Viktor Šklovskij. Zoo o lettere non d'amore

535 Sergej Dovlatov. Regime speciale

536 Chiusole, Eco, Hugo, Nerval, Musil, Ortega y Gasset. Libri e biblioteche

537 Rodolfo Walsh. Operazione massacro

538 Turi Vasile. La valigia di fibra

539 Augusto De Angelis. L'Albergo delle Tre Rose

540 Franco Enna. L'occhio lungo

541 Alicia Giménez-Bartlett. Riti di morte

542 Anton Čechov. Il fiammifero svedese

543 Penelope Fitzgerald. Il Fanciullo d'oro

544 Giorgio Scerbanenco. Uccidere per amore

545 Margaret Doody. Aristotele e il mistero della vita

546 Gianrico Carofiglio. Testimone inconsapevole

547 Gilbert Keith Chesterton. Come si scrive un giallo

548 Giulia Alberico. Il gioco della sorte

549 Angelo Morino. In viaggio con Junior

550 Dorothy Wordsworth. I diari di Grasmere

551 Giles Lytton Strachey. Ritratti in miniatura

552 Luciano Canfora. Il copista come autore

553 Giuseppe Prezzolini. Storia tascabile della letteratura italiana

554 Gian Carlo Fusco. L'Italia al dente

555 Marcella Cioni. La porta tra i delfini

556 Marisa Fenoglio. Mai senza una donna

557 Ernesto Ferrero. Elisa

558 Santo Piazzese. Il soffio della valanga

559 Penelope Fitzgerald. Voci umane

560 Mary Cholmondeley. Il gradino più basso

561 Anthony Trollope. L'amministratore

562 Alberto Savinio. Dieci processi

563 Guido Nobili. Memorie lontane

564 Giuseppe Bonaviri. Il vicolo blu

565 Paolo D'Alessandro. Colloqui

566 Alessandra Lavagnino. I Daneu. Una famiglia di antiquari

567 Leonardo Sciascia scrittore editore ovvero La felicità di far libri
568 Alexandre Dumas. Ascanio
569 Mario Soldati. America primo amore
570 Andrea Camilleri. Il giro di boa
571 Anatole Le Braz. La leggenda della morte
572 Penelope Fitzgerald. La casa sull'acqua
573 Sergio Atzeni. Gli anni della grande peste
574 Roberto Bolaño. Notturno cileno
575 Alicia Giménez-Bartlett. Serpenti nel Paradiso
576 Alessandro Perissinotto. Treno 8017
577 Augusto De Angelis. Il mistero di Cinecittà
578 Françoise Sagan. La guardia del cuore
579 Gian Carlo Fusco. Gli indesiderabili
580 Pierre Boileau, Thomas Narcejac. La donna che visse due volte
581 John Mortimer. Avventure di un avvocato
582 François Fejtö. Viaggio sentimentale
583 Pietro Verri. A mia figlia
584 Toni Maraini. Ricordi d'arte e prigionia di Topazia Alliata
585 Andrea Camilleri. La presa di Macallè
586 Guillaume Prévost. I sette delitti di Roma
587 Margaret Doody. Aristotele e l'anello di bronzo
588 Guido Gozzano. Fiabe e novelline
589 Gaetano Savatteri. La ferita di Vishinskij
590 Gianrico Carofiglio. Ad occhi chiusi
591 Ana María Matute. Piccolo teatro
592 Mario Soldati. I racconti del Maresciallo
593 Benedetto Croce. Luisa Sanfelice e la congiura dei Baccher
594 Roberto Bolaño. Puttane assassine
595 Giorgio Scerbanenco. La mia ragazza di Magdalena
596 Elio Petri. Roma ore 11
597 Raymond Radiguet. Il ballo del conte d'Orgel
598 Penelope Fitzgerald. Da Freddie
599 Poesia dell'Islam
600
601 Augusto De Angelis. La barchetta di cristallo
602 Manuel Puig. Scende la notte tropicale
603 Gian Carlo Fusco. La lunga marcia
604 Ugo Cornia. Roma

605 Lisa Foa. È andata così
606 Vittorio Nisticò. L'Ora dei ricordi
607 Pablo De Santis. Il calligrafo di Voltaire
608 Anthony Trollope. Le torri di Barchester
609 Mario Soldati. La verità sul caso Motta
610 Jorge Ibargüengoitia. Le morte
611 Alicia Giménez-Bartlett. Un bastimento carico di riso
612 Luciano Folgore. La trappola colorata
613 Giorgio Scerbanenco. Rossa
614 Luciano Anselmi. Il palazzaccio
615 Guillaume Prévost. L'assassino e il profeta
616 John Ball. La calda notte dell'ispettore Tibbs
617 Michele Perriera. Finirà questa malìa?
618 Alexandre Dumas. I Cenci
619 Alexandre Dumas. I Borgia
620 Mario Specchio. Morte di un medico
621 Giorgio Frasca Polara. Cose di Sicilia e di siciliani
622 Sergej Dovlatov. Il Parco di Puškin
623 Andrea Camilleri. La pazienza del ragno
624 Pietro Pancrazi. Della tolleranza
625 Edith de la Héronnière. La ballata dei pellegrini
626 Roberto Bassi. Scaramucce sul lago Ladoga
627 Alexandre Dumas. Il grande dizionario di cucina
628 Eduardo Rebulla. Stati di sospensione
629 Roberto Bolaño. La pista di ghiaccio
630 Domenico Seminerio. Senza re né regno
631 Penelope Fitzgerald. Innocenza
632 Margaret Doody. Aristotele e i veleni di Atene
633 Salvo Licata. Il mondo è degli sconosciuti
634 Mario Soldati. Fuga in Italia
635 Alessandra Lavagnino. Via dei Serpenti
636 Roberto Bolaño. Un romanzetto canaglia
637 Emanuele Levi. Il giornale di Emanuele
638 Maj Sjöwall, Per Wahlöö. Roseanna
639 Anthony Trollope. Il Dottor Thorne
640 Studs Terkel. I giganti del jazz
641 Manuel Puig. Il tradimento di Rita Hayworth
642 Andrea Camilleri. Privo di titolo
643 Anonimo. Romanzo di Alessandro

644 Gian Carlo Fusco. A Roma con Bubù
645 Mario Soldati. La giacca verde
646 Luciano Canfora. La sentenza
647 Annie Vivanti. Racconti americani
648 Piero Calamandrei. Ada con gli occhi stellanti. Lettere 1908-1915
649 Budd Schulberg. Perché corre Sammy?
650 Alberto Vigevani. Lettera al signor Alzheryan
651 Isabelle de Charrière. Lettere da Losanna
652 Alexandre Dumas. La marchesa di Ganges
653 Alexandre Dumas. Murat
654 Constantin Photiadès. Le vite del conte di Cagliostro
655 Augusto De Angelis. Il candeliere a sette fiamme
656 Andrea Camilleri. La luna di carta
657 Alicia Giménez-Bartlett. Il caso del lituano
658 Jorge Ibargüengoitia. Ammazzate il leone
659 Thomas Hardy. Una romantica avventura
660 Paul Scarron. Romanzo buffo
661 Mario Soldati. La finestra
662 Roberto Bolaño. Monsieur Pain
663 Louis-Alexandre Andrault de Langeron. La battaglia di Austerlitz
664 William Riley Burnett. Giungla d'asfalto
665 Maj Sjöwall, Per Wahlöö. Un assassino di troppo
666 Guillaume Prévost. Jules Verne e il mistero della camera oscura
667 Honoré de Balzac. Massime e pensieri di Napoleone
668 Jules Michelet, Athénaïs Mialaret. Lettere d'amore
669 Gian Carlo Fusco. Mussolini e le donne
670 Pier Luigi Celli. Un anno nella vita
671 Margaret Doody. Aristotele e i Misteri di Eleusi
672 Mario Soldati. Il padre degli orfani
673 Alessandra Lavagnino. Un inverno. 1943-1944
674 Anthony Trollope. La Canonica di Framley
675 Domenico Seminerio. Il cammello e la corda
676 Annie Vivanti. Marion artista di caffè-concerto
677 Giuseppe Bonaviri. L'incredibile storia di un cranio
678 Andrea Camilleri. La vampa d'agosto
679 Mario Soldati. Cinematografo
680 Pierre Boileau, Thomas Narcejac. I vedovi
681 Honoré de Balzac. Il parroco di Tours
682 Béatrix Saule. La giornata di Luigi XIV. 16 novembre 1700

683 Roberto Bolaño. Il gaucho insostenibile
684 Giorgio Scerbanenco. Uomini ragno
685 William Riley Burnett. Piccolo Cesare
686 Maj Sjöwall, Per Wahlöö. L'uomo al balcone
687 Davide Camarrone. Lorenza e il commissario
688 Sergej Dovlatov. La marcia dei solitari
689 Mario Soldati. Un viaggio a Lourdes
690 Gianrico Carofiglio. Ragionevoli dubbi
691 Tullio Kezich. Una notte terribile e confusa
692 Alexandre Dumas. Maria Stuarda
693 Clemente Manenti. Ungheria 1956. Il cardinale e il suo custode
694 Andrea Camilleri. Le ali della sfinge
695 Gaetano Savatteri. Gli uomini che non si voltano
696 Giuseppe Bonaviri. Il sarto della stradalunga
697 Constant Wairy. Il valletto di Napoleone
698 Gian Carlo Fusco. Papa Giovanni
699 Luigi Capuana. Il Raccontafiabe
700
701 Angelo Morino. Rosso taranta
702 Michele Perriera. La casa
703 Ugo Cornia. Le pratiche del disgusto
704 Luigi Filippo d'Amico. L'uomo delle contraddizioni. Pirandello visto da vicino
705 Giuseppe Scaraffia. Dizionario del dandy
706 Enrico Micheli. Italo
707 Andrea Camilleri. Le pecore e il pastore
708 Maria Attanasio. Il falsario di Caltagirone
709 Roberto Bolaño. Anversa
710 John Mortimer. Nuovi casi per l'avvocato Rumpole
711 Alicia Giménez-Bartlett. Nido vuoto
712 Toni Maraini. La lettera da Benares
713 Maj Sjöwall, Per Wahlöö. Il poliziotto che ride
714 Budd Schulberg. I disincantati
715 Alda Bruno. Germani in bellavista
716 Marco Malvaldi. La briscola in cinque
717 Andrea Camilleri. La pista di sabbia
718 Stefano Vilardo. Tutti dicono Germania Germania
719 Marcello Venturi. L'ultimo veliero
720 Augusto De Angelis. L'impronta del gatto

721 Giorgio Scerbanenco. Annalisa e il passaggio a livello
722 Anthony Trollope. La Casetta ad Allington
723 Marco Santagata. Il salto degli Orlandi
724 Ruggero Cappuccio. La notte dei due silenzi
725 Sergej Dovlatov. Il libro invisibile
726 Giorgio Bassani. I Promessi Sposi. Un esperimento
727 Andrea Camilleri. Maruzza Musumeci
728 Furio Bordon. Il canto dell'orco
729 Francesco Laudadio. Scrivano Ingannamorte
730 Louise de Vilmorin. Coco Chanel
731 Alberto Vigevani. All'ombra di mio padre
732 Alexandre Dumas. Il cavaliere di Sainte-Hermine
733 Adriano Sofri. Chi è il mio prossimo
734 Gianrico Carofiglio. L'arte del dubbio
735 Jacques Boulenger. Il romanzo di Merlino
736 Annie Vivanti. I divoratori
737 Mario Soldati. L'amico gesuita
738 Umberto Domina. La moglie che ha sbagliato cugino
739 Maj Sjöwall, Per Wahlöö. L'autopompa fantasma
740 Alexandre Dumas. Il tulipano nero
741 Giorgio Scerbanenco. Sei giorni di preavviso
742 Domenico Seminerio. Il manoscritto di Shakespeare
743 André Gorz. Lettera a D. Storia di un amore
744 Andrea Camilleri. Il campo del vasaio
745 Adriano Sofri. Contro Giuliano. Noi uomini, le donne e l'aborto
746 Luisa Adorno. Tutti qui con me
747 Carlo Flamigni. Un tranquillo paese di Romagna
748 Teresa Solana. Delitto imperfetto
749 Penelope Fitzgerald. Strategie di fuga
750 Andrea Camilleri. Il casellante
751 Mario Soldati. ah! il Mundial!
752 Giuseppe Bonarivi. La divina foresta
753 Maria Savi-Lopez. Leggende del mare
754 Francisco García Pavón. Il regno di Witiza
755 Augusto De Angelis. Giobbe Tuama & C.
756 Eduardo Rebulla. La misura delle cose
757 Maj Sjöwall, Per Wahlöö. Omicidio al Savoy
758 Gaetano Savatteri. Uno per tutti
759 Eugenio Baroncelli. Libro di candele

760 Bill James. Protezione
761 Marco Malvaldi. Il gioco delle tre carte
762 Giorgio Scerbanenco. La bambola cieca
763 Danilo Dolci. Racconti siciliani
764 Andrea Camilleri. L'età del dubbio
765 Carmelo Samonà. Fratelli
766 Jacques Boulenger. Lancillotto del Lago
767 Hans Fallada. E adesso, pover'uomo?
768 Alda Bruno. Tacchino farcito
769 Gian Carlo Fusco. La Legione straniera
770 Piero Calamandrei. Per la scuola
771 Michèle Lesbre. Il canapé rosso
772 Adriano Sofri. La notte che Pinelli
773 Sergej Dovlatov. Il giornale invisibile
774 Tullio Kezich. Noi che abbiamo fatto La dolce vita
775 Mario Soldati. Corrispondenti di guerra
776 Maj Sjöwall, Per Wahlöö. L'uomo che andò in fumo
777 Andrea Camilleri. Il sonaglio
778 Michele Perriera. I nostri tempi
779 Alberto Vigevani. Il battello per Kew
780 Alicia Giménez-Bartlett. Il silenzio dei chiostri
781 Angelo Morino. Quando internet non c'era
782 Augusto De Angelis. Il banchiere assassinato
783 Michel Maffesoli. Icone d'oggi
784 Mehmet Murat Somer. Scandaloso omicidio a Istanbul
785 Francesco Recami. Il ragazzo che leggeva Maigret
786 Bill James. Confessione
787 Roberto Bolaño. I detective selvaggi
788 Giorgio Scerbanenco. Nessuno è colpevole
789 Andrea Camilleri. La danza del gabbiano
790 Giuseppe Bonaviri. Notti sull'altura
791 Giuseppe Tornatore. Baarìa
792 Alicia Giménez-Bartlett. Una stanza tutta per gli altri
793 Furio Bordon. A gentile richiesta
794 Davide Camarrone. Questo è un uomo
795 Andrea Camilleri. La rizzagliata
796 Jacques Bonnet. I fantasmi delle biblioteche
797 Marek Edelman. C'era l'amore nel ghetto
798 Danilo Dolci. Banditi a Partinico

799 Vicki Baum. Grand Hotel
800
801 Anthony Trollope. Le ultime cronache del Barset
802 Arnoldo Foà. Autobiografia di un artista burbero
803 Herta Müller. Lo sguardo estraneo
804 Gianrico Carofiglio. Le perfezioni provvisorie
805 Gian Mauro Costa. Il libro di legno
806 Carlo Flamigni. Circostanze casuali
807 Maj Sjöwall, Per Wahlöö. L'uomo sul tetto
808 Herta Müller. Cristina e il suo doppio
809 Martin Suter. L'ultimo dei Weynfeldt
810 Andrea Camilleri. Il nipote del Negus
811 Teresa Solana. Scorciatoia per il paradiso
812 Francesco M. Cataluccio. Vado a vedere se di là è meglio
813 Allen S. Weiss. Baudelaire cerca gloria
814 Thornton Wilder. Idi di marzo
815 Esmahan Aykol. Hotel Bosforo
816 Davide Enia. Italia-Brasile 3 a 2
817 Giorgio Scerbanenco. L'antro dei filosofi
818 Pietro Grossi. Martini
819 Budd Schulberg. Fronte del porto
820 Andrea Camilleri. La caccia al tesoro
821 Marco Malvaldi. Il re dei giochi
822 Francisco García Pavón. Le sorelle scarlatte
823 Colin Dexter. L'ultima corsa per Woodstock
824 Augusto De Angelis. Sei donne e un libro
825 Giuseppe Bonaviri. L'enorme tempo
826 Bill James. Club
827 Alicia Giménez-Bartlett. Vita sentimentale di un camionista
828 Maj Sjöwall, Per Wahlöö. La camera chiusa
829 Andrea Molesini. Non tutti i bastardi sono di Vienna
830 Michèle Lesbre. Nina per caso
831 Herta Müller. In trappola
832 Hans Fallada. Ognuno muore solo
833 Andrea Camilleri. Il sorriso di Angelica
834 Eugenio Baroncelli. Mosche d'inverno
835 Margaret Doody. Aristotele e i delitti d'Egitto
836 Sergej Dovlatov. La filiale
837 Anthony Trollope. La vita oggi

1-13-12

838 Martin Suter. Com'è piccolo il mondo!
839 Marco Malvaldi. Odore di chiuso
840 Giorgio Scerbanenco. Il cane che parla
841 Festa per Elsa
842 Paul Léautaud. Amori
843 Claudio Coletta. Viale del Policlinico
844 Luigi Pirandello. Racconti per una sera a teatro
845 Andrea Camilleri. Gran Circo Taddei e altre storie di Vigàta
846 Paolo Di Stefano. La catastròfa. Marcinelle 8 agosto 1956
847 Carlo Flamigni. Senso comune
848 Antonio Tabucchi. Racconti con figure
849 Esmahan Aykol. Appartamento a Istanbul
850 Francesco M. Cataluccio. Chernobyl
851 Colin Dexter. Al momento della scomparsa la ragazza indossava

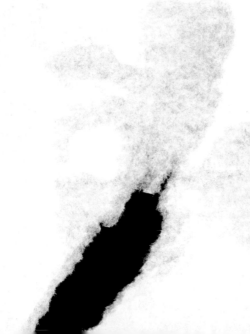